Le Var, les 153 communes

Auteurs
Daniel Delattre
Emmanuel Delattre
Nathalie Delattre-Arnould
Odette Delattre
Laëtitia Delattre

Editions Delattre
2013

54 rue du Franc-Marché, 60210 Grandvilliers
Tél : 03 44 46 71 33
Site : www.editionsdelattre.fr

Malgré toutes les vérifications sur le département,
et malgré tout le soin apporté au niveau des écrits et des photographies,
les textes envoyés aux mairies pour corrections, des erreurs auraient pu être commises.
S'ajoutent à cela des modifications qui interviennent sans cesse.
N'hésitez pas à nous les communiquer à l'adresse ci-dessus.

ONT PARTICIPÉ À CET OUVRAGE

Directeur de la publication :
Daniel Delattre

Rédaction des textes et mise en page :
Nathalie Delattre-Arnould
Laëtitia Delattre
Yveline Mathon

Photographies :
Daniel Delattre
Emmanuel Delattre

Commercialisation, suivi des commandes et facturation :
Emmanuel Delattre

Prêt de cartes postales : Jean-Paul Giannoni et Patrick Cornaille.

Les photographies 2013 ont éte réalisées par les auteurs.

Photo de la couverture : Villecroze, début XXème.

BIBLIOGRAPHIE

- Géographie du Var, Adolphe Joanne, 1900.
- Dictionnaire de Moreri, 1732.
- Dictionnaire du Trévoux, 1763.
- Encyclopédie Universelle, 1905.
- Encyclopédie Larousse, 1945.
- Encyclopédie Hachette, 1975.
- Encyclopédie Larousse, 1985 et additifs annuels.
- La grammaire des styles, l'Art Gothique, édition Flammarion, Jean-Pierre Willesme, 1982.
- La grammaire des styles, l'Art Roman, édition Flammarion, Thérèse Castieau, 1982.
- L'Art Héraldique, H. Gourdon de Genouillac, 1889.
- Les noms de lieux, Albert Dauzat, 1939.
- Les Armoiries, lecture et identification, Emmanuel de Boos, Monique Chatenet et Christian Davy.
- Le Guide de l'héraldique, Ouest France, Claude Wenzler, 2002.
- Figures de l'héraldique, Michel Pastoureau, 1996.
- Les noms de lieux de la France, Paul Maréchal, Léon Mirot, 1920.
- La Poste, code postal, édition régionale.
- Cartes touristiques du Var.
- Guide de l'Art et de la Nature, Michel de la Torre, édition Deslogis Lacoste, 1990.
- Dictionnaire des célébrités de la France, H. Fisquet, vers 1880.
- Abrégé de la vie des Saints, 1734.
- Vie des Saints, 1739.
- Lexique des Rois de France, Michel Laporte, 1989.
- Atlas des châteaux forts en France, histoire, archéologie, géographie, Charles-Laurent Salch, 1977.
- Guide pittoresque du Voyageur en France, 1838.
- Les guides Michelin de différentes années.
- Evolutions démographiques des départements de la France, de 1962 à 1999, cd-rom de l'I.N.S.E.E. (Institut National de la Statistique et des Études Économiques).
- Atlas Oberthur, plans de villes de France, 2002.
- Nomenclature départementale des communes, Editions Oberthur, 2002.
- Carte administrative du Var, IGN.
- Base de données Mérimée. Ministère de la Culture et de la Communication - direction de l'Architecture et du Patrimoine.
- Les bulletins municipaux, brochures ou livres cités dans les villes ou les villages concernés.
- Nombreux sites internet élaborés par les communes du Var.
- Consultation de nombreuses monographies, notices historiques, dépliants, guides et brochures touristiques qui nous ont été communiqués par les mairies, les offices de tourisme, les syndicats d'initiative et les sociétés historiques.

PRÉSENTATION DU LIVRE ET DES RUBRIQUES

Pour chacune des 153 communes du Var:

- **Le nom des habitants** : toutes les communes n'ont pas de nom officiel pour leurs habitants, ou parfois un surnom leur est attribué. Pour des besoins administratifs, il a aussi été créé des noms d'habitants par rapport à la forme latine du nom de la commune. Ce qui a parfois donné de curieux noms.

Parmi les formes les plus courantes, citons les noms en "ville". Les combinaisons avec ce suffixe sont très souvent accompagnées d'un nom d'homme. Ville vient du latin villa se traduisant par domaine. Ces domaines devinrent des hameaux puis des villages déjà à l'époque mérovingienne. Les noms des habitants se terminent par "ais" ou "ois" selon les régions. Les noms en "court" du latin curtisse traduisent aussi domaine. La terminaison du nom des habitants sera tout naturellement "courtois" ou "courtais".

Une autre forme également très courante concerne les noms qui se terminent en "ies" du latin "acus". La valeur de ce suffixe est vague et peut se comparer au suffixe français "ier" et "ière". La forme "acus", qui fut souvent précédée d'un nom de personne, se retrouve partout en France mais a subi une transformation différente selon les régions. Ainsi on voit dans les pays d'Oc, Albignac, Aurillac, en Ile-de-France, Savigny, Antony plus au nord, avec une forme féminine au pluriel, Juvignies, Floursies, Orchies, Fourmies, Landrecies. Ainsi, pour le nom des habitants de ces communes, on pourrait adopter la terminaison "acois".

Sans nom officiel, on peut adopter la forme la plus logique ou ayant une consonance paraissant la plus juste ou la plus agréable sachant qu'aucun critère particulier ne peut être pris en référence. Bien souvent le nom est donné tout naturellement, sans besoin d'une décision particulière. Toutefois, la décision du nom des habitants d'une commune relève du conseil municipal.

- Code postal, La Poste 2005.
- Superficie en hectares (ha), I.NS.E.E.
- Altitudes, en mètres, relevées sur les cartes I.G.N ou données par les communes (la plus haute, la plus basse, celle de l'église...).
- Population (h.) à différentes époques, correspondant aux recensements publiés par l'I.N.S.E.E.
- **Autrefois** : noms anciens des communes. Description de quelques faits historiques, des principaux seigneurs du village, des industries et édifices disparus.
- **Aujourd'hui** : église, principales époques.

Principaux styles d'architecture :

. Roman du X° au XII°.
. Gothique du XII° au XV°.
. Flamboyant, gothique tardif fin XIV°, début XVI°.
. Renaissance, style né en italie au XV° qui se propagea en France dans la première moitié du XVI°.
. Baroque, né aussi en Italie, nous retrouvons ce style en France au cours du XVII°.
. Néogothique, XIX°, inspiration des modèles romans et gothiques.

- Château : siècle ou date de construction.
- Chapelle : la petite chapelle qui forme une ancienne station de procession, la chapelle funéraire ou la chapelle des hameaux que nous avons parfois citée comme église.
- Pigeonnier : voir glossaire. Nous avons cité les plus intéressants et généralement ceux formant un édifice sur pied.
- Puits : sont cités ceux en bon état, conservant leur architecture d'origine, ou restaurés.
- Oratoire : monument religieux, plus petit qu'une chapelle.
- Moulins. Sans précision, il s'agit de moulins à eau, la plupart ne sont plus en activités.
- **Industrie ou activités** : l'industrie en général ou principales activités dans la commune. Pour les communes les plus importantes, sont répertoriées, en règle générale, les entreprises à fort effectif. Pour les petits villages, peuvent être mentionnés les domaines d'activités en général, ou les entreprises fournies par les mairies. Quelques changements ont pu intervenir depuis la parution des listes (fermeture...).
- **Armoiries** : celles communiquées par les mairies ou relevées sur place par nos soins. Les armoiries sont issues d'une science qui s'appelle l'héraldique. Au XII°, l'évolution des armures, notamment les casques fermés, rendait difficile l'identification des chevaliers. De là est venue l'idée d'adopter un signe distinctif sur un blason porté sur le bouclier. L'usage s'étendra au clergé, aux dames, aux villes, aux provinces... Le blason n'est pas réservé à certaines classes de la société. Chacun peut créer son propre blason à condition de ne pas en reprendre un déjà existant.

L'héraldique répond à des critères précis et constitue une véritable carte d'identité pour les familles, corporations ou lieux qui en possèdent. En voici une approche pour mieux comprendre ce passionnant sujet :

Les couleurs : or signifie jaune. Gueules, rouge. Sinople, vert. Argent, blanc. Sable, noir. Azur, bleu. Plus rarement utilisés, le pourpre, couleur tirant sur le violet, et l'orangé, couleur utilisée en Angleterre. L'or et l'argent sont qualifiés de métaux et les autres couleurs d'émaux.

La lecture d'un blason se fait toujours de gauche (se dit dextre) à droite (se dit senestre).

Le champ est la partie pleine du blason.

La division du blason : écartelé, en quatre parties égales. Parti, en deux parties dans le sens vertical. Coupé, en deux parties dans le sens horizontal. Tranché, en deux parties séparées en diagonale de dextre à senestre. Taillé, en deux parties séparées en diagonale de senestre à dextre. Le canton est une partie du blason divisé en neuf, il porte un nom différent selon sa position dans le blason, ainsi celui qui est le plus souvent utilisé, est celui qui est en haut à gauche, il se dit canton dextre du chef, ou franc-canton.

Le chef, partie supérieure du blason, correspondant au tiers du blason.

La pointe, partie inférieure du blason.

La bande traverse le blason en diagonale de dextre à senestre.

La barre traverse le blason en diagonale de senestre à dextre.

La fasce est une bande horizontale dans le milieu du blason.

Le sautoir est une bande et une barre formant une croix de Saint-André.

Le chevron est un demi sautoir formant un V retourné dans la partie inférieure du blason.

Le cœur ou l'abîme est le centre du blason.

Les animaux le plus souvent utilisés : le lion qui est souvent naissant, c'est-à-dire debout sur ses pattes de derrière, et l'aigle (mot utilisé au féminin), souvent éployée (de face les ailes et les pattes écartées).

La fleur de lis symbolise le royaume bien qu'elle ne soit pas réservée qu'aux souverains.

La croix qui touche les bords du blason peut être ancrée, dont les extrémités sont en forme d'ancre.

Les besants et les tourteaux sont des figures circulaires.

Les coquilles symbolisent les croisades.

Dans notre livre, nous décrivons essentiellement le blason. Celui-ci peut et est souvent accompagné d'ornements extérieurs, que l'on nomme attributs, et parfois une devise. L'ensemble s'appelle les armoiries. De nombreuses communes ont ajouté à leur blason les croix des deux dernières Guerres mondiales.

- **Personnages** : nés, décédés ou ayant marqué la vie de la commune.
- **Cours d'eau** : sources, rivières, fontaines...
- **Divers** : divers renseignements sur la commune, étangs, bois, anecdotes...
- **Hameau** : groupe de maisons formant souvent un village. Il arrive parfois que les hameaux soient plus importants que la commune.
- **Écart** : lieu formé d'une habitation, souvent une ferme, ou seulement de quelques maisons.

DANS LA MÊME COLLECTION...

- L'Ain, les 419 communes
- L'Aisne, les 816 communes
- L'Allier, les 320 communes
- L'Ardèche, les 339 communes
- Les Ardennes, les 463 communes
- L'Aube, les 433 communes
- L'Aveyron, les 304 communes
- Le Calvados, les 705 communes
- Le Cantal, les 260 communes
- La Charente, les 404 communes
- La Charente-Maritime, les 472 communes.
- Le Cher, les 290 communes
- La Corrèze, les 286 communes
- La Corse, les 360 communes
- La Côte d'Or, les 707 communes
- Les Côtes-d'Armor, les 372 communes
- La Creuse, les 260 communes
- La Dordogne, les 557 communes
- Le Doubs, les 594 communes
- La Drôme, les 369 communes
- L'Eure, les 675 communes
- L'Eure-et-Loir, les 403 communes
- Le Finistère, les 283 communes
- Le Gard, les 353 communes
- Le Gers, les 463 communes
- L'Hérault, les 343 communes
- L'Ille-et-Vilaine, les 352 communes
- L'Indre, les 247 communes
- L'Indre-et-Loire, les 277 communes
- L'Isère, les 533 communes
- Le Jura, les 545 communes
- Les Landes, les 331 communes
- Le Loir-et-Cher, les 291 communes
- La Loire, les 327 communes
- La Haute-Loire, les 260 communes
- La Loire-Atlantique, les 221 communes
- Le Loiret, les 334 communes
- Le Lot, les 340 communes
- Le Lot-et-Garonne, les 319 communes
- La Lozère, les 185 communes
- Le Maine-et-Loire, les 363 communes
- La Manche, les 602 communes
- La Marne, les 619 communes
- La Haute-Marne, les 433 communes
- La Mayenne, les 261 communes
- La Meurthe-et-Moselle, les 594 communes
- La Meuse, les 500 communes
- Le Morbihan, les 261 communes
- La Moselle, les 730 communes
- La Nièvre, les 312 communes
- Le Nord, les 653 communes
- L'Oise, les 693 communes
- L'Orne, les 506 communes
- Le Pas-de-Calais, les 895 communes
- Le Puy-de-Dôme, les 470 communes
- Le Rhône, les 293 communes
- La Haute-Saône, les 545 communes
- La Saône-et-Loire, les 573 communes
- La Sarthe, les 375 communes
- La Savoie, les 305 communes
- La Haute-Savoie, les 294 communes
- La Seine-Maritime, les 745 communes
- La Seine-et-Marne, les 514 communes
- Les Yvelines, les 262 communes
- Les Deux-Sèvres, les 305 communes
- La Somme, les 783 communes
- Le Tarn, les 323 communes
- Le Tarn-et-Garonne, les 195 communes
- Le Var, les 153 communes
- Le Vaucluse, les 151 communes
- La Vendée, les 282 communes
- La Vienne, les 281 communes
- La Haute-Vienne, les 201 communes
- Les Vosges, les 515 communes
- L'Yonne, les 454 communes
- L'Essonne, les 196 communes
- Les Hauts-de-Seine, les 36 communes
- Le Val-d'Oise, les 185 communes

ADRETS-DE-L'ESTÉREL (LES)

Les Adréchois.
Code postal : 83600.
Canton de Fréjus.
Superficie : 2226 ha.
Altitude : 60 à 420 m.
Population : 1896 : 281 h. 1982 : 648 h. 1999 : 2063 h. 2010 : 2629 h.

Autrefois : le territoire fut occupé par les peuples celto-ligures puis par les Romains qui édifièrent les voies romaines dont la voie Aurélienne.

Les Adrets étaient un hameau de Montauroux et prit son nom actuel récemment.

Le village fut nommé Les Adrets de Fréjus. En raison de nombreux soucis d'acheminement du courrier et de confusion, le conseil municipal modifia le nom de la commune et devint Les Adrets-de-l'Estérel.

Aujourd'hui : église Notre-Dame des Maures, XVIIème.
Musée de l'Estérel.

Industrie ou activités : services et commerces de proximité.

Personnages : artistes peintres notamment Sénéca Aurélia, Evelyne Ballestra, Gérard Hunot, Elodie Morin (dit Loly) et Stéphanie Guiraud. Des sculpteurs : Christian Ventujol, Françoise Meneveux-Ducoux,

Armoiries : parti : au premier coupé au I d'argent à la croix latine de gueules et au II de gueules à la croix d'argent, au second d'argent au pin maritime de sinople

Cours d'eau : le Reyran. Deux lacs.

Manifestations : animations culturelles. Fête de la Saint-Jean. Vide-greniers.

Divers : panorama sur les Îles de Lérins et la corniche de l'Estérel. Sentiers de randonnée.

Principaux hameaux : Séguret. L'église. Le logis de Paris.

1 : Les Adrets-de-l'Estérel, début XXème.
2 : Les Adrets-de-l'Estérel, début XXème.
3 : Les Adrets-de-l'Estérel, début XXème.

AIGUINES

Les Aiguinois.
Code postal : 83630.
Canton de Aups.
Superficie : 11.443 ha.
Altitude : 470 à 1572 m.
Population : 1800 : 934 h. 1896 : 607 h. 1921 : 390 h. 1982 : 161 h. 2008 : 255 h.

Autrefois : site occupé dès l'époque préhistorique.

Une construction forte est mentionnée dès le XIème. Le lieu appartient alors à l'abbaye bénédictine Saint-Victor de Marseille, puis Aiguines devient seigneurie des Baux, des Blacas puis des Gauthier et des Sabran.

L'activité de tournerie sur bois, notamment la fabrication de boules cloutées, fit la réputation du village dès le XVIème, et perdura jusqu'à la fin de la Seconde Guerre mondiale.

Aujourd'hui : église Saint-Jean, origine médiévale, remaniée au fil des siècles. Ancienne chapelle du cimetière.

Chapelle Saint-Pierre et quelques vestiges de l'ancien castrum.

Le château (privé), mentionné dès l'époque médiévale, fut reconstruit au XVIème, transformé au XVIIème, puis restauré récemment.

Anciennes ruelles.

Beffroi.

Maison des consuls, façade XVIIIème.

Pont de l'Artuby, réputé pour ses sauts à l'élastique.

Office de tourisme.

Musée de la tournerie sur bois.

Industrie ou activités : marché hebdomadaire le mardi matin. Quelques ateliers d'artisans. Gîtes et chambres d'hôtes.

Armoiries : de gueules à la jument d'argent.

Cours d'eau : le Verdon. L'Artuby.

Manifestations : journées du bois tourné, en août. Festival Jazz Verdon, en juillet. Fête votive en juillet. Triathlon du Verdon en octobre.

Divers : parc naturel Régional du Verdon. Gorges du Verdon. Une table d'orientation près de la chapelle Saint-Pierre. Lac de Sainte-Croix, deuxième retenue artificielle de France avec ses 2.200 hectares, mise en eau achevée en 1975. Plages aménagées, sports nautiques… Sentiers de randonnée.

---

1 : Aiguines, début XXème.
2 : Aiguines, début XXème.
3 : Aiguines, début XXème.

AMPUS

Les Ampusiens.
Code postal : 83111.
Canton de Draguignan.
Superficie : 8277 ha., dont 3722 en camp miltaire de Canjuers.
Altitude : 205 à 1174 m.
Population : 1800 : 1010 h. 1896 : 970 h. 1921 : 624 h. 1982 : 534 h. 2010 : 925 h.

Autrefois : occupation du site à l'époque préhistorique, comme l'atteste la présence d'un dolmen.

A l'époque romaine, une importante foire se tenait au quartier du plan d'Ampus.

Le village fut fortifié par les comtes de Provence et servit de refuge aux protestants qui menaçaient Draguignan pendant les guerres de religion.

Le château féodal fut rasé en 1590 sur l'ordre du duc d'Epernon, gouverneur de Provence.

Le canal de Fontigon, créé en 1497 par les seigneurs d'Ampus, joua un grand rôle dans l'alimentation en eau du village, la desserte des moulins et des lavoirs, l'irrigation des prés et des jardins...

Aujourd'hui : église Saint-Michel, restaurée.
Chapelle Saint-Roch, XVIIIème.
Chapelle Notre-Dame de Spéluque.
Un chemin de croix fut aménagé avec des mosaïques, sur la butte où se trouvait le château féodal.
Un chemin de l'Eau, avec son moulin à farine, ses lavoirs, et sa meule à aubes.
Oratoires.
Un porche du XIème.
Ancienne commanderie des Templiers de Ruet.
Dolmen de Marenq.
Plusieurs fontaines.
Moulin-Vieux et son pigeonnier.
Ruines du château féodal.

Industrie ou activités : quelques commerces et artisans de proximité. Gîtes et chambres d'hôtes. Agriculture.

Armoiries : de gueules au château donjonné de trois tours d'or, maçonné de sable.

Cours d'eau : le Naturby. Canal de Fontigon.

Manifestations : balade gourmande, fête du 15 août.

Divers : gorges de la Nartuby et rocher de La Roche-Aiguille. Sentiers de randonnée.

Hameaux : Lentier. La Bastide Neuve. Les Vergelins.

---

1 : Ampus, début XXème.
2 : Ampus, début XXème.

ARCS (LES)

Ou Les Arcs-sur-Argens.
Les Arcois.
Code postal : 83460.
Canton de Lorgues.
Superficie : 5426 ha.
Altitude : 16 à 342 m.
Population : 1855 : 2769 h. 1896 : 2532 h. 1914 : 3071 h. 1982 : 3786 h. 2008 : 6212 h.

Autrefois : les premiers vestiges remontent au IVème millénaire avant Jésus-Christ.
De tout temps, le territoire fut un axe privilégié de passage entre la mer et l'intérieur des terres.
Le village s'appelait Archos en 1010, avant de devenir *Castrum de Arcubus*.
Du XIIème au XVIIème, la seigneurie est tenue par la famille de Villeneuve. En 1612, Louis XIII érige la baronnie des Arcs en marquisat en faveur d'Arnaud de Villeneuve de Bouliers.
Le château est alors construit, pour être détruit à la Révolution (sauf une tour).
Au XIIIème, une tour dite Tour Sarrasine, fut construite.
Le monastère de La Celle-Roubaud fut fondé au XIème.

Aujourd'hui : église Saint-Jean-Baptiste, 1850. Elle possède un polyptyque daté de 1501.
Chapelle Saint-Pierre de Parage, époque médiévale, aujourd'hui une salle culturelle.
Chapelle Sainte-Roseline, XIème. Située au milieu des vignes, elle abrite la châsse et le reliquaire de Sainte-Roseline.
La tour de l'horloge, seul vestige du château du XVIIème.
Tour du Parage, donjon des XIIIème-XIVème, vestige de l'ancien catrum de Arcubus. Le quartier du Parage est le nom donné à la partie médiévale de la ville.
Monastère de La Celle-Roubaud, appelé aussi château de Sainte-Roseline, reconstruit au XVIème. Aujourd'hui, important domaine viticole.
Lavoirs, anciens moulins…
Office de tourisme.

Industrie ou activités : tous commerces et services. Gîtes, hôtels et chambres d'hôtes. Marché le jeudi matin. Culture de la vigne.

Personnage : Jacques d'Arnoux (Seignelay 1896 – Les Arcs 1980). Militaire, aviateur et écrivain français.

1 : Les Arcs, début XXème.
2 : Les Arcs, début XXème.
3 : Les Arcs, début XXème.
4 : Les Arcs, début XXème.

Armoiries : de gueules, à trois flèches d'or, ferrées d'argent, passées en sautoir et en pal, les pointes en bas accostées de deux arcs d'argent en pal, cordés d'or et encochés chacun d'une flèche de même, ces deux flèches ferrées d'argent, les pointes appointées en fasce.
Cours d'eau : l'Argens et son affluent l'Aille.
Divers : sentiers de randonnée.

ARTIGNOSC-SUR-VERDON

Les Artignoscais.
Code postal : 83630.
Canton de Tavernes.
Superficie : 1853 ha.
Altitude : 401 à 600 m.
Population : 1896 : 291 h. 1982 : 187 h. 2009 : 306 h.
Autrefois : Artignosco au XIIIème, Arinosc en 1235...
En 1036, Bertrand De Pontevès, fils du seigneur de Barjols et fondateur du chapitre de cette localité, donnera gratuitement aux moines de Saint-Victor l'église Sainte Marie d'Artignosc, pour y fonder un prieuré.
Le village fut repeuplé à la fin du XVème par des familles génoises, après des périodes de peste et de conflits.
En 1654, la seigneurie appartient aux De Thoron, originaires de la ville de Digne.
Aujourd'hui : église Saint-Pierre, origine romane, modifiée au fil des siècles.
Chapelles Saint-Christophe, Sainte-Euphémie, Sainte-Trinité, Notre-Dame La Brune.
Ruelles bordées de maisons restaurées.
L'ancien château des Thoron, daté des XIVème et XVIIème, abrite l'hôtel de ville.
Une fontaine, un lavoir couvert et un ancien four à pain.
Ferme fortifiée de Fontayne, avec ses pigeonniers-tours.

1 : Les Arcs, début XXème.
2 : Artignosc, début XXème.
3 : Artignosc, début XXème.

Industrie ou activités : un commerce multi-services. Gîtes, campings et chambres d'hôtes. Une auberge et un bar-restaurant.

Armoiries : d'azur à une fontaine d'argent surmontée de deux besants d'or.

Manifestations : fête du pain en mai. Fête votive le 1er week-end d'août. Fête de Sainte-Euphémie, le 3ème dimanche de septembre.

Divers : retenue d'eau de Quinson, activités nautiques. Sentiers de randonnée, dont le GR 99.

ARTIGUES

Les Artiguais.
Code postal : 83560.
Canton de Rians.
Superficie : 3185 ha.
Altitude : 351 à 641 m.
Population : 1896 : 138 h. 1982 : 70 h. 2008 : 211 h.

Autrefois : découverte de vestiges préhistoriques.

Le castrum Artyga est mentionné pour la première fois dans une charte antérieure à 1032 et son église Sainte-Foy en 1093.

Le bourg, abandonné au XIVème, fut repeuplé tout doucement au début du XVIème, puis plus sérieusement au début du XVIIIème.

Aujourd'hui : église Sainte-Foy. Grottes préhistoriques.
Vestiges de l'ancien bourg médiéval.

1 : Artigues, début XXème.
2 : Artigues, début XXème.

AUPS

Les Aupsois.
Code postal : 83630.
Chef-lieu de canton.
Superficie : 6415 ha.
Altitude : 385 à 1076 m.
Population : 1800 : 2744 h. 1896 : 1892 h. 1931 : 1281 h. 1982 : 1652 h. 2008 : 2065 h.

Autrefois : Castrum de Almis et Alps sont d'anciennes dénominations de la ville.
Présence romaine. Jules César y est passé pour conquérir la Gaule.
Le castrum apparaît pour la première fois en 1050, dans la charte de donation à Saint-Victor de l'église Saint-Pierre.
Le couvent cistercien fut fondé aux Xème et XIème, restauré par la suite par les Augustins, les Ursulines et les Trinitaires.
Théâtre d'un massacre en 1574 lors des guerres de religion, perpétré par les huguenots.
Aups fut le centre de l'insurrection varoise républicaine contre le coup d'État de Napoléon III en 1851, d'où provient son surnom de « Centre du Var Rouge ».
Important centre de résistance au cours de la Seconde Guerre mondiale.
Nombreuses tanneries.
En 1804, la commune de Fabrègues fut annexée à Aups. Son église était mentionnée au XIème.

Aujourd'hui : collégiale Saint-Pancrace, construite hors des murs, de 1489 à 1503 afin de remplacer l'église du village devenue trop petite. Il ne reste de l'époque d'origine que la porte de l'ancienne sacristie. Elle possède la plus ancienne croix processionnelle de Provence datant du XIVème.
Chapelle Notre-Dame de la Délivrance, érigée en 1853 à l'emplacement des ruines de l'ancien château des Ducs de Blacas.
Tour de l'Horloge, XVIème, ancienne tour de guet et prison. Elle est surmontée d'un campanile et d'une horloge.
Tour sarrasine, ancienne entrée principale du village.
Château de Taurenne, XIVème au XIXème.
Vestiges de l'ancien bourg castral de Fabrègues.
Porte des Aires et vestiges des remparts des XIIème et XVème.

1 : Aups, début XXème.
2 : Aups, début XXème.
3 : Aups, début XXème.
4 : Aups, début XXème.

Monument de l'Insurrection et de la Résistance, rappelant que la ville et les alentours furent le théâtre de violents combats opposant les troupes varoises républicaines aux partisans du coup d'état de Napoléon III en 1851.

Musée de la Résistance et musée Simon Segal (art contemporain), dans l'ancienne chapelle du couvent des Ursulines, dont les autres bâtiments ont été réaménagés.

Vierge du massacre, dans la façade de ce qui fut la première église d'Aups, rappelant le massacre perpétré lors des guerres de religion en 1574.

La ville est parsemée de fontaines anciennes, de cadrans solaires, de ruelles pittoresques, de maisons médiévales…

Industrie ou activités : tous commerces et services. Campings, gîtes et chambres d'hôtes. Aups est considéré comme la « capitale de la truffe », et organise l'un des plus grands marchés de la truffe, chaque jeudi de novembre à février. Production d'huile d'olive et de miel. Marché provençal le mercredi et le samedi matin.

Personnages : - une partie de la famille ducale de Blacas est née à Aups.

- Jean-Baptiste Girard (Aups 1775 – Paris 1815). Militaire français, général et baron d'Empire. Il est mort à la bataille de Waterloo.

Armoiries : d'azur à trois montagnes d'argent, au chef cousu de gueules à trois fleurs de lis d'or, 2 et 1.

Manifestations : procession, le 15 août, auprès de la chapelle Notre-Dame de la Délivrance. Fête de la Saint Pancrace en mai. Brocantes. Une partie des animations du festival Jazz Verdon a lieu à Aups. Journée de la truffe noire, le 4ème dimanche de janvier.

Divers : commune du Parc Naturel Régional du Verdon. Sentiers de randonnée.

---

1 : Aups, début XXème.
2 : Aups, début XXème.
3 : Aups, début XXème.

BAGNOLS-EN-FORÊT

Les Bagnolais.
Code postal : 83600.
Canton de Fréjus.
Superficie : 4290 ha.
Altitude : 56 à 561 m.
Population : 1700 : 956 h. 1800 : 838 h. 1896 : 803 h. 1926 : 620 h. 1982 : 889 h. 2008 : 2283 h.

Autrefois : une activité de taillerie de meules existe depuis une époque fort ancienne.
Occupation du territoire à l'époque romaine, par des habitants ayant fui les marécages de Fréjus. Découverte de nombreux vestiges de cette époque.
La mention la plus ancienne du village date de 909, dans une charte du cartulaire de l'abbaye de Cluny.
En 1392, les troupes de Raymond de Turenne rasent Bagnols et plusieurs villages environnants. Le bourg est repeuplé à partir de 1477, par quelques familles de Pieve di Teco, invitées par l'évêque de Fréjus, Urbain de Fiesque.
Le village ancien de Bagnols se trouvait dans la plaine, formé seulement par quelques fermes disséminées. Pour se protéger, elles se regroupent en construisant en 1480/1490, le village à son emplacement actuel.
Au XIXème, l'activité économique était caractérisée par la présence de bouchonneries, de moulins à huile et à farine. Une verrerie existait également jusqu'en 1870. L'élevage du vers à soie se poursuivit jusque les années 1950.

Aujourd'hui : église Saint-Antonin, construite en 1707. L'ancien édifice, construit en 1477 par les colons italiens, se trouvait à la place de la mairie.
Chapelle Saint-Denis, reconstruite au XIème sur les ruines d'une villa gallo-romaine. Le premier édifice avait été construit au VIIIème.
Chapelle Notre-Dame de la Pitié, elle aussi édifiée sur les vestiges d'une villa gallo-romaine.
Chapelle Sainte-Anne, construite en 1654 et transformée par la suite.
Chapelle Saint-Antoine, XVIIème.
L'ancien moulin à huile fut en activité jusqu'en 1939.
Fontaine de la Siagnole.

1 : Bagnols, début XXème.
2 : Bagnols, début XXème.
3 : Bagnols, début XXème.

Un office de tourisme et un musée local, constitué des fouilles archéologiques faites sur la commune.
Anciennes tailleries de meules.
Industrie ou activités : commerces et services. Un camping, gîtes et chambres d'hôtes. Huile d'olive.
Armoiries : d'azur aux trois fasces ondées d'argent.
Cours d'eau : le Blavet. Le Reyran. La Grande-Garonne.
Jumelage : avec Pieve di Teco en Italie.
Divers : les gorges du Blavet. Cascade de Gourbachin. Sentiers de randonnée.

BANDOL. - Vue de la Jetée

BANDOL — Plage de Renecros 1

BANDOL

Les Bandolais.
Code postal : 83150.
Canton d'Ollioules.
Superficie : 858 ha.
Altitude : 0 à 221 m.
Population : 1800 : 1247 h. 1896 : 1930 h. 1926 : 2162 h. 1982 : 6706 h. 2010 : 8028 h.
Autrefois : Bandol s'est aussi appelé Bandolium, Bendorium, ou encore Bendort.
Dès le début du XVIIème, l'abri côtier se transforme en véritable port, puis en commune en 1719. L'église est construite en 1746.
La station balnéaire de Bandol s'est développée à partir d'un port de pêche situé au fond d'une baie. Un hôtel des Bains y existait en 1901. Dans les années 1960, Bandol est la plus importante station balnéaire et hivernale de la côte entre Marseille et Toulon.
Après la pêche au thon (qui se raréfie), l'activité économique de la ville se tourne vers l'exportation du vin et de l'huile d'olive. Sous le Second Empire, Bandol exporte près de dix mille fûts et fait travailler trois cents tonneliers. L'arrivée du phylloxéra signe le coup de grâce de l'activité portuaire et l'arrivée du chemin de fer en 1859 ruine le commerce maritime.

---

1 : Bandol, début XXème.
2 : Bandol, début XXème.
3 : Bandol, début XXème.

Mais le train permet de développer le tourisme et de redonner un nouvel essor à Bandol.
La plage du Barry a été le théâtre (juin 1943) des premiers essais du scaphandre autonome par Jacques-Yves Cousteau, Philippe Tailliez et Frédéric Dumas. Une plaque commémorative y rappelle l'événement.

Aujourd'hui : église Saint-François-de-Sales, XVIIIème.

Industrie ou activités : production du vin AOC Bandol. Tous commerces et services. Activités liées au statut de station balnéaire. Thalassothérapie. Gîtes, hôtels, chambres d'hôtes...

Armoiries : une étoile d'or sur champ d'azur.

Jumelage : avec Nettuno en Italie, Onex en Suisse, et Wehr en Allemagne.

Divers : territoire boisé. Equipements sportifs et culturels. Important bord de mer. Port de plaisance. Un zoo. Plongée sous-marine. Activités nautiques.

1 : Bandol, début XXème.
2 : Bandol, début XXème.
3 : Bandol, début XXème.

BARGÈME

Les Bargémois.
Code postal : 83840.
Canton de Comps-sur-Artuby.
Superficie : 2795 ha.
Altitude : 824 à 1589 m. Le plus haut village du Var.
Population : 1800 : 383 h. 1896 : 275 h. 1926 : 158 h. 1982 : 74 h. 2008 : 141 h.

Autrefois : le château des Pontevès, mentionné dès 1225, fut détruit pendant les guerres de religion.

La seigneurie de Bargème appartient à la famille de Pontevès dès 1220.

Aujourd'hui : église Saint-Nicolas, XIIème, située au sommet du village. Elle abrite plusieurs peintures et retables, dont un sculpté sur bois en 1525.

Situé sur un éperon rocheux, le village offre encore de beaux témoins du passé médiéval du village.

Chapelle Notre-Dame-des-Sept-Douleurs, début XVIIème, restaurée en 2009.

Chapelle Sainte-Pétronille, XVIIème.

Chapelle Saint-Laurent.

Chapelle Saint-Antoine.

Anciens remparts, bien conservés, et deux portes fortifiées du XIVème, la Tour de Garde et la porte du Levant. Toutes deux étaient munies d'une herse.

Ruines du château des Pontevès, dont on distingue encore les tours rondes et l'imposant donjon carré.

Une fontaine XVIIème.

Four communal, XVIIème.

Industrie ou activités : gîtes et chambres d'hôtes. Galeries d'art.

Armoiries : de gueules au pont en dos d'âne de deux arches d'or maçonné de sable.

Divers : un des plus beaux villages de France. Sentiers de randonnée.

---

1 : Bargème, début XXème.
2 : Bargème, début XXème.
3 : Bargème, 1955.

BARGEMON

Les Bargemonais.
Code postal : 83830.
Canton de Callas.
Superficie : 3514 ha.
Altitude : 319 à 1089 m.
Population : 1982 : 1110 h. 1999 : 1217 h.

Autrefois : Charles le Gros, en 885, restitua la terre de Bargemon, à l'Abbaye de Saint-Martin d'Autun.

Aujourd'hui : église Saint-Etienne, construite à l'extérieur des remparts. Clocher reconstruit en 1662.
Chapelle de Montaigu, érigée en 1609 par la confrérie des pénitents blancs.
L'ancienne chapelle Saint-Etienne, située près du cimetière, abrite aujourd'hui le musée Camos.
Vestiges des remparts, dont les premiers furent construit au XIème. Une tour de guet existait environ tous les dix mètres.
La Porte de la Tour de l'Horloge possédait une herse.
La Porte du Clos.
La Porte du Château est constituée de deux tours accolées.
La Porte de Prison est ainsi nommée car elle se trouve près de l'ancienne prison (XVIème) dont la dernière utilisation remonte à 1944.
Château du Reclos.
Moulin à huile, XVIIIème, récemment restauré et toujours en activité.
Fontaines et lavoirs.
Office de tourisme.

Industrie ou activités : commerces et services variés. Gîtes et chambres d'hôtes.

Personnage : Honoré Camon, artiste peintre provençal, a habité Bargemon.

Armoiries : de pourpre au bélier d'argent surmonté de trois étoiles d'or rangées en chef.

Divers : sentiers de randonnée.

1 : Bargemon, début XXème.
2 : Bargemon, début XXème.
3 : Bargemon, début XXème.

BARJOLS

Les Barjolais.
Code postal : 83670.
Chef-lieu de canton.
Superficie : 3006 ha.
Altitude : 183 à 473 m.
Population : 1982 : 2016 h. 1999 : 2414 h.

Autrefois : territoire occupé dès l'époque romaine.

L'histoire moderne du bourg commence en 1021 quand la famille Arbet cède aux moines de Saint-Victor de Marseille l'église Sainte-Marie et Saint-Jean de Barjols, construite en 1014.

Barjols fut une des résidences des comtes de Provence au XIVème, qui y faisaient élever leurs enfants.

L'ancien bourg castral de la Bastidonne, fondé au XIIIème, fut déserté avant 1471. Le territoire fut annexé à Barjols après la Révolution.

La tannerie fut une activité importante. Au XIXème, le village compte 24 tanneries, 19 moulins à tan, 3 papeteries, une blanchisserie, un moulin à foulon et une fabrique de cartes. Barjols, ancienne capitale du cuir, comptait alors près de 3300 habitants. Les dernières tanneries ferment en 1983, concurrencées par l'industrie internationale.

À la suite du coup d'état du 2 décembre 1851, Louis Martin, dit "Bidouré", jeune résistant républicain de 19 ans, voulant rejoindre les insurgés de Barjols réfugiés à Tourtour fut arrêté et fusillé deux fois.

Aujourd'hui : église Notre-Dame de l'Assomption, ou collégiale Saint-Marcel, XIVème au XVIIIème.

Maison dite du Marquis de Pontevès, XVIème.

Plusieurs fontaines (30) et lavoirs (12), 42 au total.

Monument Bidouré, inauguré en 1906, érigé en mémoire de la résistance au coup d'Etat de 1851.

Les anciennes tanneries ont pour la plupart été réhabilitées, notamment par des artistes contemporains.

Office de tourisme.

Maison Régionale de l'Eau.

Industrie ou activités : commerces et services variés. Marché le samedi matin. Gîtes et chambres d'hôtes.

---

1 : Barjols, début XXème.
2 : Barjols, début XXème.
3 : Barjols, début XXème.

Armoiries : d'azur à la colonne d'or au pied perroné de trois pièces, surmontée d'une fleur de lys du même et accostée de deux lettres B capitales de sable.
Cours d'eau : plusieurs ruisseaux, notamment l'Argens.
Manifestations : plusieurs foires annuelles, dont la foire du cuir. Fête des Tripettes, en janvier, au cours de laquelle un bœuf est promené dans le village avant d'être cuit à la broche…
Divers : équipements sportifs (piscine, tennis…). Cascades des Carmes.

BASTIDE (LA)

Les Bastidans.
Code postal : 83840.
Canton de Comps-sur-Artuby.
Superficie : 1176 ha.
Altitude : 928 à 1686 m.
Population : 1982 : 115 h. 1999 : 122 h.
Autrefois : les premières mentions du Castrum de Bastida datent du XIIIème.
Ce lieu fut inhabité dès le début du XVème, au profit du village actuel, fondé plus proche de la vallée.
En 1342, la communauté de La Bastide est rattachée à la viguerie de Castellane (actuel département des Alpes-de-Haute-Provence) par le comte de Provence
Aujourd'hui : église XVIIème. Ruines du château féodal.
Industrie ou activités : quelques commerces. Gîtes.
Armoiries : coupé, au premier de gueules à la croix d'argent, au second d'argent au lévrier d'azur.
Cours d'eau : l'Artuby.
Divers : passage du GR 49. Pratique du deltaplane et du parapente. Commune située au pied du Mont Lachens, plus haut sommet du Var qui culmine à 1713 mètres.

1 : La Bastide, début XXème.
2 : La Bastide, début XXème.
3 : La Bastide, début XXème.

BAUDINARD-SUR-VERDON

Les Baudinardais.
Code postal : 83630.
Canton d'Aups.
Superficie : 2197 ha.
Altitude : 399 à 785 m.
Population : 1852 : 402 h. 1962 : 88 h. 1982 : 49 h. 2011 : 189 h.

Autrefois : découverte de divers objets et de peintures de l'époque préhistorique dans les grottes des basses gorges du Verdon, mais aussi sous l'église.
Les premiers écrits qui parlent de Baudinard datent de 1113, sous le nom de Bellum Dinarium.
En 1389, Elzéar de Sabran devient seigneur de Baudinard. La seigneurie restera entre les mains des Sabran jusqu'à la Révolution.

Aujourd'hui : église Saint-Jacques, restaurée en 1921 et 2006.
Chapelle Notre-Dame-de-la-Garde, XVIème.
Village pittoresque construit sur un piton rocheux, avec ses passages voûtés, ses remparts englobés dans les façades, ses maisons anciennes…
Chapelle Notre-Dame de la Garde.
Trois oratoires.
Quelques ruines du château des Sabran, détruit en 1793, notamment un imposant donjon du XIVème.
Prieuré roman de Valmogne.
Pont Silvestre, bâti près des vestiges d'un pont romain.

Industrie ou activités : locations touristiques.

Armoiries : de gueules au lion d'argent, au chef du même chargé d'une étoile de seize rais du champ.

Cours d'eau : le Verdon.

Manifestation : fête locale autour du 15 août.

Divers : village situé aux portes des gorges du Verdon et à proximité du lac de Sainte-Croix.
Sentiers de randonnée, dont un sentier botanique et le GR 99.
Le « canyon » de Baudinard, bordé de falaises parfois hautes de 150 mètres, percées de nombreuses grottes (interdites) ayant contenu des vestiges préhistoriques visibles au musée de Préhistoire de Quinson.

---

1 : Baudinard, début XXème.
2 : Baudinard, début XXème.

BAUDUEN

Les Bauduennois.
Code postal : 83630.
Canton d'Aups.
Superficie : 4745 ha.
Altitude : 470 à 1144 m.
Population : 1800 : 898 h. 1896 : 599 h. 1921 : 406 h. 1982 : 184 h. 2010 : 320 h.

Autrefois : à proximité de la source de Fontaine-l'Evêque, aujourd'hui engloutie, se trouvait une cuve funéraire néolithique.
Passage de la voie romaine de Fréjus à Riez.
En 1060, le village « Balduini Castri » est cité pour la première fois dans le cartulaire de Saint-Victor de Marseille.
Plusieurs moulins et papeteries existaient dans le village, encore au début du XIXème.

Aujourd'hui : église Saint-Pierre et Saint-Paul, romane.
Petit village pittoresque adossé à la falaise rocheuse, au bord du lac de Sainte-Croix, doté de ruelles et d'escaliers pittoresques.
Le « château », demeure seigneuriale du XVIème, et son pigeonnier.
Remparts et tour de défense du XVème.
Ruines du château féodal.
Maison natale de Saint-Lambert.
Un ancien moulin à huile.
Deux fontaines et un lavoir.
Office de tourisme.

Industrie ou activités : quelques commerces et artisans. Hébergements touristiques.

Personnage : Saint-Lambert, patron du village, est né à Bauduen en 1084. Il fut évêque de Vence.

Armoiries : d'azur à la clé d'argent posée en fasce, le panneton à senestre vers la pointe, surmontée d'un croissant du même.

Divers : commune du Parc Naturel Régional du Verdon. Sports nautiques, baignade, pêche, équitation, randonnées…

A. Turrel
BAUDUEN (Var). — Vue Générale

1 : Bauduen, début XXème.
2 : Bauduen, début XXème.

LE BEAUSSET. — Vue générale

BEAUSSET (LE)

Les Beaussetans.
Code postal : 83330.
Chef-lieu de canton.
Superficie : 3595 ha.
Altitude : 80 à 560 m.
Population : 1800 : 2980 h. 1896 : 1920 h. 1921 : 1913 h. 1982 : 5327 h. 2011 : 9281 h.

Autrefois : le bourg castral du Beausset, au lieu-dit Vieux Beausset, est mentionné en 1141, comme possession de l'évêque de Marseille, qui en resta seigneur et prieur jusqu'à la fin de l'Ancien Régime.

En 1793, le Général Carteaux, commandant l'armée républicaine, installa son quartier général au Beausset et y fut rejoint par le capitaine Bonaparte afin d'y préparer le siège de Toulon alors aux mains des Anglais.

Aujourd'hui : église Notre-Dame de l'Assomption de la Vierge, livrée au culte en 1857.

Chapelle Notre-Dame du Beausset Vieux. Elle comporte une galerie de plus de 80 ex-voto.

Très nombreux oratoires, notamment le long d'un chemin qui mène à la chapelle du Vieux-Beausset.

La maison Dalmas accueillit Napoléon Bonaparte pendant le siège de Toulon en 1793.

Maison du tourisme.

Maison de la Nature des Quatre-Frères.

La maison de poupée.

Activités : hôtels, gîtes et chambres d'hôtes. Artisanat d'art. Tous commerces et services. Une cave coopérative. Production d'huile d'olive.

Personnage : Jean-Etienne-Marie Portalis (Le Beausset 1746 – 1807). Co-rédacteur du Code Civil, inhumé au Panthéon.

Armoiries : d'azur, à une sainte Vierge d'or, soutenue d'un croissant d'argent, et la tête entourée de sept étoiles du même.

Cours d'eau : la Reppe.

Jumelage : avec Scheidegg en Allemagne et Cetona en Italie.

Manifestations : pèlerinage à la chapelle du Vieux-Beausset. Brocante le lundi de Pâques. Fête votive de la Saint-Eloi, le 1er week-end de juillet.

Divers : circuits à thème.

---

1 : Le Beausset, début XXème.
2 : Le Beausset, début XXème.
3 : Le Beausset, début XXème.

BELGENTIER

Les Belgentiérois.
Code postal : 83210.
Canton de Solliès-Pont.
Superficie : 1338 ha.
Altitude : 126 à 620 m.
Population : 1982 : 984 h. 1999 : 1724 h. 2013 : 2451 h.

Autrefois : Belgentier apparaît dans des chartes du XIème.
Le bourg castral des Beaumettes n'est déjà plus mentionné à partir du XIIIème.

Aujourd'hui : église Notre-Dame de l'Assomption, XVIIème au XIXème.
Château Peiresc et son parc.
Un moulin à huile toujours en activité.

Industrie ou activités : commerces et services de proximité.
Quelques artisans d'art.
Chambres d'hôtes, gîtes et campings.

Personnage : Nicolas-Claude Fabri de Peiresc (Belgentier 1580 – Aix-en-Provence 1637), intellectuel, scientifique et homme de lettres.

Armoiries : de gueules à une belette passante d'argent.

Cours d'eau : le Gapeau.

Jumelage : avec Geschwenda en Allemagne et Ringmer au Royaume-Uni.

Manifestations : brocante, fête de la bière…

1 : Belgentier, début XXème.
2 : Belgentier, début XXème.
3 : Belgentier, début XXème.

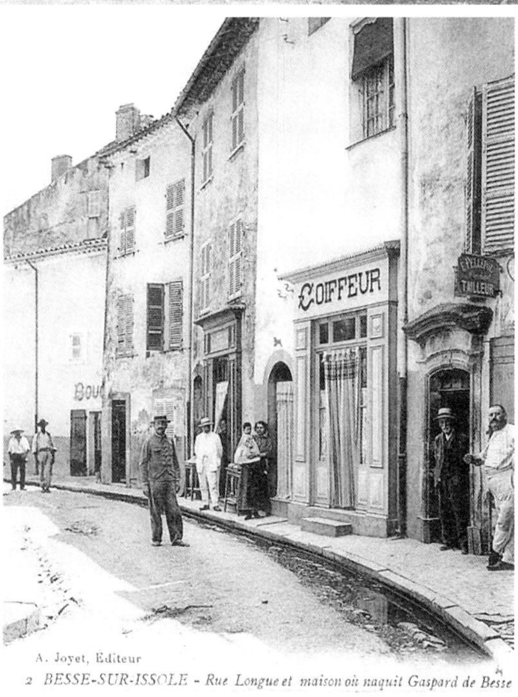

BESSE-SUR-ISSOLE

Les Bessois.
Code postal : 83890.
Chef-lieu de canton.
Superficie : 3719 ha.
Altitude : 230 à 637 m.
Population : 1800 : 1153 h. 1896 : 1145 h. 1926 : 951 h. 1982 : 1040 h. 2010 : 2918 h.

Autrefois : en 1030, le prieuré Saint-Pierre de Besse est donné à l'abbaye de Montmajour.
Besse devient un village indépendant au cours du XIIème.
En 1246, le castrum de Besse appartient à la collégiale de Pignans.
Mentionné au XIème, le castrum de Blanquefort, avec un château fort et une église, semble avoir été déserté au début du XIIIème.
Le château est détruit au début du XVIIIème.
Une épidémie de peste décime la population en 1720.
En 1812, Besse compte 344 maisons, deux moulins à huile et à eau et un moulin à farine, ainsi que trois fours à pain.

Aujourd'hui : église Saint-Pierre, reconstruite de 1643 à 1646 à l'emplacement d'un édifice plus ancien.
Chapelle Saint-Etienne-des-Prés, XVIIème.
Chapelle Sainte-Croix, XVIème ou XVIIème.
Chapelle Sainte-Agathe.
Chapelle Saint-Pierre.
Chapelle Notre-Dame.
Plusieurs oratoires.
Beffroi, date de 1655 inscrite sur la façade, en partie reconstruit en 1834.
Château Saint-Dominique, reconstruit au début du XVIIIème. Il a abrité une magnanerie.
Une porte de ville.
Maisons et fermes anciennes, avec des éléments datés dès le XVIème.
Un moulin à huile, 1787.
Neuf fontaines.
Un vieux pont sur l'Issole.
Office de tourisme.

Industrie ou activités : commerces et services de proximité. Gîtes et chambres d'hôtes. Huile d'olive.

Personnages : - Frédéric Montenard (Paris 1849 – Besse 1926). Artiste peintre, il fut nommé peintre officiel de la Marine en 1921.

---

1 : Besse-sur-I., début XXème.
2 : Besse-sur-I., début XXème.
3 : Besse-sur-I., début XXème.

- Gaspard Bouis, dit aussi Gaspard de Besse, bandit de grand chemin né en 1757. Cependant, défenseur des opprimés, il ne s'attaquait qu'aux plus aisés, sans jamais faire couler de sang.
- Victor Quintius Thouron (Besse 1794 – Toulon 1872). Poète, écrivain et traducteur français.

Armoiries : de gueules à la fasce d'argent chargée du mot BESSE en lettres capitales de sable, accompagnée en chef de deux pommes de pin d'or et en pointe d'un croissant aussi d'argent.

Cours d'eau : l'Issole.

Jumelage : avec Villanovetta en Italie.

Manifestations : bourse aux jouets et vélos fleuris en mai, fête des Fontaines en juin, Estivales en juillet, fête votive et feu d'artifice en juillet, fête de la lumière en août.

Divers : panorama. Un plan d'eau aménagé, aire de jeux et de pique-nique, pêche... Sentiers de randonnée, dont le GR 9.

BORMES-LES-MIMOSAS

Les Borméens.
Code postal : 83230.
Canton de Collobrières.
Superficie : 9732 ha.
Altitude : 0 à 642 m.
Population : 1800 : 1424 h. 1896 : 2059 h. 1926 : 1628 h. 1982 : 3839 h. 2010 : 7406 h.

Autrefois : la première mention du bourg castral de Brégançon date du XIIIème. Celui de Gibouel figure dans des actes du XIIème.
Le fort de Brégançon possède une histoire particulière. Il a subi les rebondissements de l'Histoire, liés à la présence permanente d'hôtes prestigieux. Il fut tantôt assiégé, détruit, reconstruit... Un premier fort y est construit au XIème. Après avoir servi de repaire aux pirates, le fort deviendra la propriété des seigneurs de Bormes. La reine Jeanne, dit Jeanne la 1ère, arrière petite-fille de Charles d'Anjou, s'y réfugia pendant sept mois.
En 1483, Brégançon fut rattaché au Royaume de France. Pendant la Révolution, le domaine fut saccagé.

1 : Bormes, début XXème.
2 : Bormes, début XXème.
3 : Bormes, début XXème.
4 : Bormes, début XXème.

En 1793, Napoléon Bonaparte restaure les défenses du bâtiment. Au cours de la Première Guerre mondiale, l'ilôt est occupé par l'armée. L'Etat en reprend possession en 1963. Le général De Gaulle y couche en 1964.

Aujourd'hui : église Saint-Trophyme, XVIIIème.

Bourg médiéval, doté d'un patrimoine du XIIème, de vieilles maisons, de ruelles sinueuses, de porches sculptés, d'anciens remparts…

Chapelle Saint-François, située à côté de l'ancien cimetière et à proximité des vestiges de moulins à vent, érigée en 1560.

Chapelle Notre-Dame de Constance.

Plusieurs oratoires.

Beffroi, ancienne tour fortifiée du Moyen-Âge surmontée d'un campanile en fer.

Château du seigneur des Fos, XIIIème et XIVème, témoin du passage et du règne des comtes de Provence.

Fort de Brégançon, face au hameau de Cabasson, construit sur un rocher à l'abri du vent et dominant la mer. Il est devenu, en 1968, la résidence officielle des présidents de la République.

Phare du Cap Bénat, ou encore phare du Cap Blanc, 1895.

Plusieurs fontaines.

Musée Arts et Histoire, dans un édifice du XVIIème.

Statue de saint François de Paule, moine calabrais qui aurait délivré le village de la peste en 1481.

Industrie ou activités : tous commerces et services. Gîtes, campings et chambres d'hôtes.

Personnages : - Hippolyte de Bouchard (né à Bormes en 1780), marin et corsaire, il participa à l'indépendance de l'Argentine et du Pérou.

- Alfred Courmes (Bormes 1898 – Paris 1993), peintre français.

Manifestations : Mimosalia en janvier, corso fleuri en février, fête du village à la Pentecôte, sports en lumière, concerts, soirées, festival, marché du terroir provençal en septembre...

Divers : ville fleurie, classée comme une des villes les plus fleuries de France. Plages, randonnées, sports nautiques…

---

1 : Bormes, début XXème.
2 : Bormes, début XXème.

BOURGUET (LE)

Les Bourguetians .
Code postal : 83840.
Canton de Comps-sur-Artuby.
Superficie : 2539 ha.
Altitude : 763 à 1245 m.
Population : 1962 : 25 h. 1982 : 23 h. 2008 : 24 h.
Autrefois : Raymond de Reillanne, chevalier, fut seigneur du Bourguet en 1297.
Le village s'appelait Bagarris jusqu'en 1540.
Le bourg castral de Soleils, mentionné en 1251, est déserté avant 1471.
Le bourg castral de Bagarry est mentionné dans une charte de donation à Ampus, datée entre 984 et 1030.
Aujourd'hui : église Notre-Dame de l'Assomption, fin XIXème.
Chapelle Sainte-Anne, XIIème.
Château du Bourguet, transformée en auberge.

BRAS

Les Brassois.
Code postal : 83149.
Canton de Barjols.
Superficie : 3493 ha.
Altitude : 233 à 580 m.
Population : 1982 : 677 h. 2013 : 2485 h.
Autrefois : traces d'occupation préhistorique (silex).
Au XIème, Bras se développe sur la colline Saint-Pierre, autour de son château et de son église.
Les Templiers s'installent près du village.
Aujourd'hui : église de Bras, restaurée.
Chapelle des Templiers, XIIIème.
Industrie ou activités : quelques commerces et artisans. Gîtes et chambres d'hôtes.
Armoiries : fascé d'or et de sable de six pièces.
Cours d'eau : l'Argens. Le Cauron.
Manifestation : fête votive Saint-Etienne, le 1er week-end d'août.

1 : Le Bourguet, 1991.
2 : Bras, début XXème.
3 : Bras, début XXème.

BRENON

Les Brenonais.
Code postal : 83840.
Canton de Comps-sur-Artuby.
Superficie : 559 ha.
Altitude : 782 à 1264 m.
Population : 1982 : 16 h. 1999 : 22 h.

Autrefois : en 1342, la communauté de Brenon est rattachée à la viguerie de Castellane (actuel département des Alpes-de-Haute-Provence) par le comte de Provence.

Aujourd'hui : église Sainte-Marie-Madeline, fin XVIIème. Ruines d'un château médiéval et quelques anciennes maisons. Fontaine du Gaoubi.

Industrie ou activités : gîtes.

Divers : panorama. Commune du Parc Naturel Régional du Verdon.

BRIGNOLES

Les Brignolais.
Code postal : 83170.
Chef-lieu de canton.
Sous-préfecture.
Superficie : 7053 ha.
Altitude : 190 à 767 m.
Population : 1800 : 5060 h. 1896 : 4824 h. 1931 : 5080 h. 1982 : 10412 h. 2010 : 16368 h.

Autrefois : occupation du territoire à l'époque romaine, comme l'atteste la présence de nombreux vestiges. C'est à cette époque que débute l'exploitation de la carrière de marbre.

A partir du XIIème, les princes aragonais deviennent peu à peu les maîtres de la cité. Le traité de Brignoles s'affirme comme une cité importante pour la Provence avec l'accueil du parlement de Provence, lors des grandes épidémies de peste qui ravagent Aix-en-Provence en 1502 et 1506. Elle accueille également le siège des Etats de Provence pendant plusieurs années.

---

1 : Brenon, 1991.
2 : Brignoles, début XXème.
3 : Brignoles, début XXème.

Au XIIIème, les comtes de Provence deviennent seigneurs de Brignoles. Le château est alors transformé en palais et de nouveaux remparts sont érigés. L'économie de la ville tournait autour de la culture de vignes et d'oliviers, parallèlement à l'exploitation du marbre. L'industrie du drap était également très active, avec la présence de foulons, de tanneries (une trentaine en 1830) et de teintureries…
Au XVIIIème, des fabriques de savon et de cuir apparaissent.
A la fin du XIXème, la fermeture des usines de teinture et la destruction des vignes par le phylloxera n'empêchent pas la ville de prospérer à travers la construction de moulins et de papeteries. L'exploitation de la bauxite perdure également jusqu'aux années 1990.
Aujourd'hui : église Saint-Sauveur, porte XIème.
Chapelle Sainte-Catherine, XIIème au XVIIème.
Résidence privilégiée des comtes de Provence, la ville a gardé des empreintes de son passé médiéval, avec ses ruelles étroites, ses portes fortifiées, ses bâtiments d'époque...
L'ancien palais des comtes de Provence abrite aujourd'hui le musée du pays brignolais, musée des arts et traditions populaires. Depuis le XIIème, ce bâtiment a été utilisé pour diverses missions : palais de justice, prison, lieu de réunion du Parlement de Provence, préfecture… C'est aussi dans ce palais que les comtesses venaient accoucher.
Une coopérative vinicole est installée, depuis 1912, dans l'ancienne chapelle des Cordeliers.
Domaine de Saint-Christophe.
Hôtel Clavier.
Hospice Saint-Jean.
Maison Tomane.
Dolmen des Adrets.
Plusieurs fontaines et lavoirs.
Industrie ou activités : exploitation du marbre. Marché le samedi matin. Production de vin et de la prune de Brignoles. Artisanat d'art. Gîtes et chambres d'hôtes.

1 : Brignoles, début XXème.
2 : Brignoles, début XXème.

Personnages : - Antoine Albalat (Brignoles 1856 – 1935). Ecrivain.
- Louis d'Anjou, ou saint Louis d'Anjou (Brignoles 1274 – Brignoles 1297). Fils de Charles II, roi de Naples.
- François d'Arbaud de Porchères (Brignoles 1590 – 1640). Poète français.
- Louis-Paul Baille (Brignoles 1768 – Paris 1821), militaire français, baron de l'Empire.
- François Granet (Brignoles 1692 – Paris 1741). Homme de lettres français.
- Victor Edmond Nicolas (Brignoles 1906 – Montmeyan 1979). Sculpteur français.
- Joseph Parrocel (Brignoles 1646 – Paris 1704). Peintre français.
- François Jus Marie Raynouard (Brignoles 1761 – Passy 1836). Historien et dramaturge français.

Armoiries : écartelé au premier quartier d'azur à une fleur de lys d'or surmontée d'un label à trois pendants de gueules, qui est la Provence. Au deuxième et au troisième quartier d'azur à une lettre "B" majuscule d'or, l'un pour Brignoles et l'autre pour la famille Bérenger de Barcelone. Au quatrième quartier d'or à quatre pals de gueules, qui est la Catalogne.

Cours d'eau : rivière Cararmy. Canal du Plan.

Jumelage : avec Bruneck-Brunicao en Italie, Gross-Gerau en Allemagne, Szamotuly en Pologne, et Tielt en Belgique.

Manifestations : foire-exposition agricole en avril. Fêtes médiévales en août.

Divers : ville fleurie.

1 : Brignoles, début XXème.
2 : Brignoles, début XXème.
3 : Brignoles, début XXème.

BRUE-AURIAC

Les Brussois.
Code postal : 83119.
Canton de Barjols.
Superficie : 3673 ha.
Altitude : 199 à 466 m.
Population : 1982 : 429 h. 2008 : 1161 h.

Autrefois : le village est né au XVIIIème, de la fusion de deux villages. Au XIIème, les deux localités étaient tenues par la famille de Pontevès pour les comtes de Provence.

Le « castellum de Brusa » est mentionné dès 1075, mais il fut déclaré inhabité en 1471. Le village, perché, conservait encore quelques habitations au début du XIXème.

Le bourg castral d'Auriac, cité en 1032, fut aussi déserté au XIVème.

Le village est créé à son emplacement actuel par Georges Roux, dit aussi le Corse. Repeuplée, la commune vit, au XVIIIème, de son industrie de la soie et de la faïencerie.

Aujourd'hui : collégiale Notre-Dame de l'Assomption.

Pigeonnier de Roux de Corse, construit en 1750, qui culmine à 22,50 mètres, souvenir de l'implication de Georges Roux à Brue. Il est considéré comme le plus haut d'Europe.

Cours Roux de Corse, principale artère du village.

Fontaines.

Industrie ou activités : production de vignes et d'olives. Gîtes et chambres d'hôtes.

Personnage : Georges Roux de Corse était un armateur marseillais. Fortuné, il avait acheté la terre de Brue sur laquelle il édifie une nouvelle ville, avec un château et une église. Il défricha, planta et fit venir des paysans. Cependant, il mourut ruiné, à Brue, en 1792.

Armoiries : d'argent à la bande d'azur.

Divers : sentiers de randonnée.

1 : Brue-Auriac, début XXème.
2 : Brue-Auriac, début XXème.
3 : Brue-Auriac, début XXème.

CABASSE

Les Cabassois.
Code postal : 83340.
Canton de Besse-sur-Issole.
Superficie : 4549 ha.
Altitude : 162 à 404 m.
Population :1982 : 786 h. 2008 : 1830 h.

Autrefois : occupation du territoire à l'époque préhistorique, comme l'atteste la découverte d'ossements humains et d'animaux.

Cabasse se situait sur la voie « Aurélia », reliant Rome aux pays du Sud de la Gaule. Un important marché s'y déroulait. Ses terres produisent légumes, olives, figues… Les Romains organisent la cité, connue sous le nom de Matavo, et y frappent monnaie.

La première mention de la villa de Cabasse remonte à 1010.

Au Moyen-Âge, la ville devient un castrum, dépendant du comté de Fréjus.

Le bourg est fortifié au XIIème, puis aux XIVème et XVème.

La chapelle des Pénitents, démolie au milieu du XXème.

Le bourg castral de la Roquette de Cabasse est mentionné dès le XIIème, mais a disparu.

Exploitation de la bauxite.

Aujourd'hui : église Saint-Pons, XIIème et XIXème. A l'intérieur, deux retables en bois doré, un chapiteau du XIIème, un sarcophage du Vème…

Chapelle Saint-Loup.

Chapelle Notre-Dame du Glaive, 1621.

Château des Dames de la Celle, XIVème au XXème.

Maisons et fermes anciennes, dès le XVIème.

Les ruelles étroites, les remparts et les anciennes portes témoignent du passé médiéval du bourg.

Vestiges d'un moulin à farine.

Dolmen de la Gastée et menhir de la Pierre Plantée.

Un lavoir, 1887.

Office de tourisme.

Industrie ou activités : commerces et services de proximité. Plusieurs domaines viticoles. Un camping municipal. Gîtes et chambres d'hôtes.

Cours d'eau : le Caramy, et son affluent, l'Issole.

1 : Cabasse, début XXème.
2 : Cabasse, début XXème.
3 : Cabasse, début XXème.

LA CADIÈRE-D'AZUR

Les Cadiérens .
Code postal : 83740.
Canton de Beausset.
Superficie : 3742 ha.
Altitude : 23 à 460 m.
Population : 1800 : 4766 h. 1896 : 1760 h. 1931 : 1509 h. 1982 : 2410 h. 2010 : 5385 h.

Autrefois : occupation du territoire à l'époque préhistorique, comme l'atteste la découverte de silex taillés, ainsi que de nombreux objets gallo-romains.

« La Cadière » est évoquée pour la première fois en 977.

Au Moyen-Âge, la population se regroupe autour du château et de l'église paroissiale, protégée par une double enceinte.

Du XIVème à la Révolution, l'abbaye Saint-Victor est le seul seigneur de La Cadière.

En 1564, le roi Charles IX, qui passe une nuit dans la ville, accorde à la commune le droit de tenir deux foires annuelles et un marché le samedi.

En 1715, détachement de Bandol qui devient une commune indépendante.

Aujourd'hui : église Saint-André, reconstruite en 1508, sur l'emplacement de l'église du XIIème.

Chapelle Saint-Côme et Saint-Damien.

Chapelle Sainte-Magdeleine, construite en 1567 sur l'emplacement des ruines du château.

Chapelle Sainte-Anne.

Village fortifié sur une colline, avec ses maisons médiévales, les vestiges de ses remparts, ses anciennes portes (porte Saint-Jean, Porte de la Colle et porte Mazarine) et la Tour de l'Horloge.

Fontaine Saint-Jean, XVIIème.

Deux moulins à huile.

Office de tourisme.

Maison du Terroir et du Patrimoine.

Activités : tous commerces et services. Viticulture, vins AOC Côtes de Provence et Bandol. Hôtels, gîtes et chambres d'hôtes. Production d'huile d'olive. Artisanat d'art.

Armoiries : d'azur à la chaire de prédicateur d'or, au chef cousu de gueules chargé d'un flanchis aussi d'or.

Cours d'eau : la Salle. Le Grand Vallat.

Divers : ville fleurie. Table d'orientation.

1 : La Cadière, début XXème.
2 : La Cadière, début XXème.
3 : La Cadière, début XXème.

CALLAS

Les Callassiens.
Code postal : 83830.
Chef-lieu de canton.
Superficie : 4926 ha.
Altitude : 398 m.
Population : 1852 : 2185 h. 1891 : 1523 h. 1982 : 945 h. 2009 : 1860 h.

Autrefois : occupation du territoire à l'époque préhistorique

La construction du village a tout d'abord débuté par le Château des Pontévès et l'église, puis les rues Saint-Eloi et rue Grande qui les entouraient, puis la rue Villerme et enfin le Boulevard des Poilus, tel un cercle qui englobe le cœur du village dans sa totalité.

Du XIème au XVIème, le village appartenait à la maison des Pontevès.

Durant les guerres de religion, une révolte de paysans part de Callas, en 1579.

En 1607, la seigneurie est vendue au comte de Sault puis revendue au duc de Lesdiguière en 1625.

En 1718, la commune rachète la seigneurie et en fait don à louis XV. Callas devient alors ville royale.

A la fin du XIXème, l'économie du bourg est surtout tournée vers la culture d'oliviers. Au XXème, on compte 23 moulins à Callas, en 1892 on recense 56000 oliviers en pleine production.

Aujourd'hui : église Notre-Dame-de-l'Assomption, de style roman.

Chapelle Notre-Dame-de-Pennafort, coiffée d'un dôme édifié en 1855 sur les restes d'une ancienne chapelle.

Chapelle Saint-Auxile, origine VIIème, modifiée quatre fois jusqu'au XIIème, dernière restauration en 1998.

Chapelle de la Trinité, attestée au XIème, classée aux Monuments Historiques.

Chapelle Saint-Laurent, à l'entrée du village.

Oppidum pré-romain de Piol.

Ruines du Château des seigneurs de Pontevès (privé)

Moulin-musée communautaire (ancien moulin à huile communal restauré en 2008)

Pigeonnier.

Rues étroites en calades, passages voûtés et portes du XVIIIème.

---

1 : Callas, début XXème.
2 : Callas, début XXème.
3 : Callas, début XXème.
4 : Callas, début XXème.
5 : Callas, début XXème.

Lavoirs et nombreuses fontaines, dont la fontaine de la Placette de la Paix, surmontée du buste du Sieur Giboin.
Industrie : deux carrières
Activités : commerces et services. Deux campings, gîtes et chambres d'hôtes, restaurants, quatre au village, Hostellerie des Gorges de Pennafort.
Personnages : - Jacques Giboin, ou sieur Giboin, est un ancien drapier qui offrit aux habitants la possibilité d'exploiter la source de sa propriété.
- Louis-Auguste Féris, Baron Félix de Beaujour né à Callas en 1765, est le fils aîné de François Féris et Anne Giraud. Après de brillantes études, il rentre au Ministère des Affaires Extérieures. Durant sa vie, il écrit plusieurs ouvrages dont un Aperçu des Etats-Unis au commencement du XIXème siècle. Il lègue à la commune une somme de 100.000 F. destinée à la création d'un hôpital et d'une école de filles. Ce bâtiment est, de nos jours, la maison des associations restaurée en 2001 et surnommée « le Centre Beaujour ».
Armoiries : de gueules à la devise d'argent, accompagnée en chef d'une fleur de lys au pied nourri d'or et en pointe d'une échelle posée en pal du même.
Cours d'eau : vallon de la Risse.
Manifestations : pèlerinage de Saint-Auxile le 1er dimanche de mai, pèlerinage de Notre-Dame-de Pennafort le lundi de Pentecôte, festival de Musique Ancienne en juillet, fête locale de la Saint-Laurent en Août, foire Artisanale le 15 Août, brocantes.
Divers : sentiers de randonnée, les Gorges de Pennafort.

CALLIAN

Les Calliannais.
Code postal : 83440.
Canton de Fayence.
Superficie : 2542 ha.
Altitude : 96 à 581 m.
Population : 1806 : 1747 h. 1896 : 1025 h. 1931 : 861 h. 1982 : 1449 h. 2013 : 3275 h.
Autrefois : Callian était un bourg important, puisqu'il s'étendait jusqu'à la côte.

---

1 : Callian, début XXème.
2 : Callian, début XXème.
3 : Callian, début XXème.

Au XIIème, la chapelle des Pénitents, alors chapelle castrale, assurait la fonction d'église paroissiale. Devenue trop petite, il fut décidé, au début du XVIIème, d'agrandir la chapelle ou de construire une nouvelle église (en 1675, pose de la première pierre).

Aujourd'hui : église, 1685, clocher vernissé de teintes vives.

Chapelle Notre-Dame, édifiée au XVIIème sur les ruines d'une chapelle romane.

Village pittoresque perché sur un contrefort rocheux, avec ses ruelles en spirale qui mènent à son château, bordées de vieilles maisons.

Château XVème, restauré, dont les tours datent des XIIème-XIIIème.

Sur la place de l'église, une cascade est alimentée par les eaux de la Siagnole.

Plusieurs lavoirs.

Office de tourisme.

Industrie ou activités : gîtes et chambres d'hôtes. Commerces et services variés. Marché le vendredi matin.

Personnages : le couturier Christian Dior (mort en 1957) et Sœur Emmanuelle (décédée en 2008) sont inhumés au cimetière de Callian.

Armoiries : d'or, à une bande de gueules, et le mot Callian, de sable, posé sur la bande.

Cours d'eau : la Siagnole. La Camiole.

Jumelage : avec Calliano d'Asti et Calliano di Trento en Italie.

Manifestations : fêtes patronales en mai et août. Festival de violoncelles en juin.

Divers : randonnées. Proximité du lac de Saint-Cassien. Une cascade sur la Siagnole.

CAMPS-LA-SOURCE

Les Campsois.
Code postal : 83170.
Canton de Brignoles.
Superficie : 2247 ha.
Altitude : 259 à 637 m.
Population : 1906 : 733 h. 1982 : 767 h. 2013 : 1713 h.

Autrefois : la dénomination actuelle date de 1936. Le bourg s'est aussi appelé Camps-les-Brignoles.

Le bourg de Camps s'est construit autour de son église dès le début du XIème. Jusqu'au XVIIIème, il resta sous l'autorité de l'abbaye Saint-Victor de Marseille.

---

1 : Callian, début XXème.
2 : Camps-la-Source, début XXème.

Le bourg castral d'Argentis est mentionné au XIème.
C'est à Camps que la première coopérative vinicole du Var a vu le jour, en 1906.
L'industrie du chapeau a commencé à se développer dans le bourg dès le début du XVIIème. En 1838, quinze fabriques de chapeaux sont recensées sur la commune, et une vingtaine trente ans après. En 1867, cette industrie nécessitait la combustion quotidienne de 15 à 18.000 Kg de charbon.
Les nombreuses sources permettaient la fabrication de ces chapeaux, qui nécessitaient beaucoup d'eau. Il y a quelques années, la société Vittel exploitait encore une de ses sources pour la fabrication de sodas.
Aujourd'hui : église Sainte-Marie, dont le premier édifice est déjà mentionné dans une charte de 1017. L'église fut reconstruite au début du XVIIème, l'ancienne étant devenue trop petite. Elle est dotée d'un clocher surmonté d'un campanile à bulbe.
Chapelle Saint-Quinis, origine XIIème.
Chapelle Saint-Sébastien, XVIème, restaurée.
Chapelle Saint-Martin, XIème.
Fontaines XIXème.
Ancienne coopérative vinicole, fermée depuis 1993.
L'ancienne fabrique de chapellerie est le dernier vestige du travail du feutre.
Industrie ou activités : une chambre d'hôtes.
Armoiries : d'azur à trois fleurs de lys d'or, les deux inférieures posées à dextre en bande et à senestre en barre, brochant sur un mât au naturel, soutenues d'une terrasse de sinople et sommées de la troisième fleur de lys sur laquelle broche une croix orange.
Cours d'eau : plusieurs ruisseaux et sources.
Jumelage : avec San-Biagio Della cima en Italie.
Manifestations : vide-greniers en mai. Fête de la châtaigne, en octobre. Carnaval des Fielouas. La Campsoise, course pédestre organisée en juin.
Divers : sentiers de randonnée.

CAMPS LES BRIGNOLES — Vue prise du petit Pont

CAMPS. - La Source
Blanc Marie, photo

CAMPS LA SOURCE (Var) — Avenue de la Gare

1 : Camps, début XXème.
2 : Camps, début XXème.
3 : Camps, début XXème.

LE CANNET-DES-MAURES

Les Cannetois
Code postal : 83340.
Canton du Luc.
Superficie : 7364 ha.
Altitude : 52 à 628 m.
Population : 1982 : 2320 h. 2007 : 3800 h.

Autrefois : site occupé dès la Préhistoire, puis par les Romains. A cette époque, il s'agissait d'un marché, connu sous le nom de Forum Voconii, situé à un carrefour de voies de communication.

Puis, la population s'est déplacée sur une hauteur où ils fondèrent un « castrum de caneto », érigé en commune en 1442.

Le Vieux-Cannet, ce village perché et fortifié, fut le chef-lieu jusqu'en 1903. Le nouveau village se structura autour de la gare dès la deuxième moitié du XIXème, et devint chef-lieu communal en 1903.

Durant tout le Moyen-Âge, plusieurs seigneurs se partagèrent le territoire. Au XVIIIème, la maison de Rascas en devient la seule propriétaire.

Le château des Rascas fut détruit en 1792.

Le castrum de Fos est attesté dès le IXème.

La chapelle de la Trinité fut détruite vers 1834.

Chapelle Saint-André, mentionnée au XIème, abandonnée par la suite.

A Saint-Daumas, mention d'un château fort au XIIIème, connu sous le nom de Casteau Maoure. Un prieuré de bénédictins y existait également, avec une église mentionnée en 1381.

Au XIXème, l'économie fleurissait autour de quelques scieries, verreries, moulins, et d'une importante mine de bauxite. La sériciculture occupait également les habitants jusqu'en 1939.

Aujourd'hui : village du Vieux-Canet, avec les portes de son enceinte, les ruines du château et son église Saint-Michel, édifiée au XIème, remaniée et reconstruite après les guerres de religion. Le campanile en fer forgé fut installé en 1746.

La nouvelle église paroissiale (Saint-Joseph) fut édifiée en 1910 près de la gare.

Ancienne chapelle des Templiers Saint-Maisse, transformée en maison.

---

1 : Le Cannet, début XXème.
2 : Le Cannet, début XXème.
3 : Le Cannet, début XXème.

Chapelle Saint-Jean, origine médiévale.
Château des Rogiers, en partie XVIIIème, à l'emplacement d'anciens édifices.
Château du Bouillidou, et son parc. Cette demeure du XIXème a appartenu à la famille de Colbert, derniers marquis du Cannet.
Oppida de Recoux et de Meren.
Au Vieux-Cannet, un moulin à huile, d'une origine ancienne, ne fonctionne plus depuis 1835.
Au Vieux-Cannet, vestiges d'un monastère médiéval qui servait d'hospice aux pèlerins se rendant à Saint-Jacques de Compostelle.
Abri troglodytique des Templiers, puis des chevaliers de l'ordre de Malte.
Les ponts de la Verrerie, ensemble de deux ponts, XVème.
Fontaines.
Vestiges et fouilles du Forum Voconii.
Industrie ou activités : un camping. Gîtes et chambres d'hôtes. Viticulture. Une zone d'activités et une zone commerciale. Un domaine de roses Mailland.
Personnage : Napoléon 1er traversa le Cannet pour se rendre à l'île d'Elbe.
Armoiries : d'or à un plant de roseau de canne arraché de sinople.
Cours d'eau : l'Aille. L'Argens.
Manifestations : carnaval en février. Brocante le 1er mai. Fête du Vieux-Cannet en août.
Divers : une table d'orientation au Vieux-Cannet. Un conservatoire des animaux de basse-cour. Sentiers de randonnée.

CARCÈS

Les Carçois.
Code postal : 83570.
Canton de Cotignac.
Superficie : 3576 ha.
Altitude : 110 à 396 m.
Population : 1982 : 2092 h. 2008 : 3127 h.
Autrefois : bourg édifié sur l'emplacement d'un camp romain.
Les premiers seigneurs de Carcès furent les Châteaurenard qui dressèrent, en l'an 1000, le premier fort.
Au XIème, l'église de Carcès dépendait de l'abbaye Saint-Victor de Marseille.

1 : Le Cannet, début XXème.
2 : Le Cannet, début XXème.
3 : Carcès, début XXème.

En 1240, la seigneurie de Carcès passa de la famille de Cotignac à la famille de Pontevès, qui éleva un important château. Puis dans les familles de Simiane, de Rohan-Soubise et de Condé.

En 1571, la seigneurie de Carcès fut érigée en comté.

Aujourd'hui : église Sainte-Marguerite, XVIème, agrandie en 1844.

Chapelle Notre-Dame de Bon-Secours, XIème.

Chapelle Saint-Jaume, XIème, restaurée.

Cité médiévale, avec ses rues sinueuses qui montent aux ruines du château (XIème et XVIème) construit par la famille de Pontevès, détruit après la Seconde Guerre mondiale.

Un théâtre de plein air sur les vestiges du château.

Vestiges de remparts et de deux portes de ville.

Une tour de guet, à l'extérieur des remparts.

Maisons à écailles (faïences de Salernes) du XVIIIème.

Un ancien moulin à huile (médiathèque).

Plusieurs fontaines-lavoirs, dont la fontaine des 4 saisons, 1772.

Office de tourisme.

Industrie ou activités : une zone artisanale. Commerces, services et artisanat variés. Viticulture. Un moulin à huile toujours en activité. Un camping. Gîtes et chambres d'hôtes.

Personnage : le château accueillit Louis XIV et sa cour le 23 février 1660.

Armoiries : d'argent à un franc-quartier d'azur, chargé d'une étoile d'or.

Cours d'eau : confluent de l'Argent et du Caramy.

Divers : lac de Carcès, pêche, pique-nique, promenades. Sentiers de randonnée. Les chutes du Caramy, à proximité du barrage.

1 : Carcès, début XXème.
2 : Carcès, début XXème.
3 : Carcès, début XXème.

CARNOULES

Les Carnoulais.
Code postal : 83660.
Canton de Cuers.
Superficie : 2549 ha.
Altitude : 115 à 485 m.
Population : 1982 : 1761 h. 2008 : 3182 h.

Autrefois : un village fortifié au sommet de la colline de la Vière est à l'origine du bourg. La population active s'installe dans la plaine au lieu-dit « Carnoulas » (emplacement du village actuel).
Après la paix romaine, l'oppidum est rasé et reconstruit plusieurs fois pour devenir un castrum.
Le château fort est détruit à la fin du XIVème.
Le village fut le théâtre, en 1592, d'une bataille entre Henri IV et le duc de Savoie.
Ancien village de cheminots, grâce à l'arrivée du train en 1862 (plus de 80 locomotives à vapeur).

Aujourd'hui : église Notre-Dame de l'Assomption.
Chapelle Notre-Dame de Bon-Secours ou de la Vière, construite vers 1840 avec les vestiges du castrum.
La locomotive 4B9, et son tender, rappellent le passé ferroviaire de la cité.
Ruines du castrum.
Un ancien moulin à huile.
Fermes anciennes.
Lavoirs et fontaines.

Industrie ou activités : chambres d'hôtes. Marché le vendredi matin.

Armoiries : de gueules à la tour crénelée de sept pièces d'argent, ouverte du champ.

Divers : sentiers de randonnée, dont le GR 9.

1 : Carnoules, début XXème.
2 : Carnoules, début XXème.
3 : Carnoules, début XXème.

E.D. 981. CARQUEIRANNE — L'Hôtel de Ville

CARQUEIRANNE

Les Carqueirannais.
Code postal : 83320.
Canton de La Crau.
Superficie : 1448 ha.
Altitude : 0 à 305 m.
Population : 1982 : 6199 h. 1999 : 8436 h.

Autrefois : la terre de Carqueiranne a appartenu à la seigneurie de Fos, du XIème au XIIIème.

L'histoire touristique de Carqueiranne débute au XVIIIème, avec la mode de la villégiature.

Au XIXème, se développe « l'hivernage », d'octobre à mars-avril. Le climat attire de plus en plus les hivernants, mais la mer reste encore à vocation thérapeutique.

Finalement, le tourisme balnéaire explose dans les années 1920/1930, connaissant des orientations différentes au fil des années. Après la Seconde Guerre mondiale, la vocation balnéaire est mise de côté au profit d'un esprit plus familial (campings, centres de vacances…).

Depuis 25 ans, la fonction de station se confirme de nouveau, avec la construction de nouveaux hôtels, la fermeture des campings les plus vétustes, l'aménagement de plages, la création de parkings…

Aujourd'hui : église Sainte-Madeleine, 1845.

Château de Carqueiranne, ou château Richet, XVIIème, flanqué de tours rondes crénelées.

Fort de la Bayarde.

Industrie ou activités : station balnéaire aux 7 Km de littoral, réputée pour ses grandes plages ensoleillées, ses paysages pittoresques... Campings, hôtels-restaurants, gîtes et chambres d'hôtes.

Personnages : - L'évêque de Toulon, Louis de La Tour du Pin de Montauban, décéda au château de Carqueiranne en 1737.

- Charles Richet (Paris 1850 – 1935), prix nobel de médecine en 1913, ancien propriétaire du château Richet.
- Le cycliste Richard Virenque est citoyen d'honneur de Carqueiranne.

---

1 : Carqueiranne, début XXème.
2 : Carqueiranne, début XXème.
3 : Carqueiranne, début XXème.

Armoiries : de sinople à l'araire d'argent, au chef d'or chargé de trois (fleurs de) tulipes feuillées chacune de deux pièces de gueules, mouvant du trait du chef.
Manifestations : rencontres inter-chorales en mai. Nombreuses animations tout au long de l'année, concerts, conférences, théâtre…
Divers : plusieurs parcs, jardins et plages. Sentiers de randonnée. Sports nautiques. Sites classés des « Pins penchés », de « Beau Rivage », qui inclinent leurs curieux arbres tordus au-dessus de l'eau.

LE CASTELLET

Les Castellans.
Code postal : 83330.
Canton du Beausset.
Superficie : 4480 ha.
Altitude : 21 à 503 m.
Population : 1800 : 1848 h. 1896 : 1353 h. 1931 : 1337 h. 1982 : 2332 h. 2010 : 4099 h.
Autrefois : occupation du territoire à l'époque romaine, comme l'atteste la présence de sites archéologiques, aujourd' hui enfouis. De nombreuses village produisent huile et vin.
En 1153, apparaît la mention de Castelletum, qui appartient alors aux vicomtes de Marseille, avant de passer, en 1212, à la puissante famille de Baux.

1 : Le Castellet, 1955.
2 : Le Castellet, début XXème.
3 : Le Castellet, début XXème.

Passé à la maison d'Anjou en 1426, le Castellet est donné à Charles de Castillon dont la descendante Anne épouse en 1629 Vincent de Lombard. La famille de Lombard a possédé cette seigneurie jusqu'à la Révolution.

Aujourd'hui : église du Castellet, éléments XIIème, agrandie en 1754. L'église est l'élément le mieux conservé du castrum.

Le Castellet est un village médiéval fortifié bâti en haut d'une colline. Bâti autour de son château médiéval, il offre ses rues pavées bordées d'anciennes constructions, de très nombreuses boutiques et commerces destinés aux visiteurs, et est entouré de vignes qui produisent entre autres des vins AOC Bandol.

Le château médiéval du Castellet village, reconstruit, abrite aujourd'hui la mairie.

Une quarantaine d'oratoires sur le territoire de la commune.

Vestiges de l'enceinte fortifiée, avec ses deux portes fortifiées.

Un ancien moulin à huile situé au Brûlat, abrite la mairie annexe.

Ecomusée du Bandol au Plan du Castellet, exposition d'outils de vignerons et de tonneliers.

Accueil touristique.

Industrie ou activités : tous types de commerces et de services. Campings, gîtes et chambres d'hôtes. Domaines viticoles, AOC Bandol. Huile d'olive. Nombreux artisans d'art.

Armoiries : d'or aux trois plantes de joubarbe arrachées de sinople.

Jumelage : avec Herrischried en Allemagne et Or Akiva en Israël.

Divers : circuit Paul-Ricard ou circuit du Castellet, circuit automobile. Un aérodrome. Camp du Castellet, vaste plateau, lieu de randonnées. Le Castellet a été le lieu de tournage du film *la femme du boulanger* de Marcel Pagnol.

Hameaux : Sainte-Anne. Le Brûlat. Le Plan.

---

1 : Le Castellet, 1955.
2 : Le Castellet, début XXème.
3 : Le Castellet, 1955.

CAVALAIRE-SUR-MER

Les Cavalairois.
Code postal : 83240.
Canton de Saint-Tropez.
Superficie : 1674 ha.
Altitude : 0 à 528 m.
Population : 1982 : 3912 h. 2008 : 6667 h.

Autrefois : occupation du site dès l'époque chalcolithique. Jusqu'à la fin de l'Antiquité, l'activité d'un port est démontrée. Les Ligures ont également occupé le site. A l'époque gallo-romaine, *Caccabaria* est mentionnée.
Au Moyen-Âge, Cavalairo ou Cavalaira était une petite terre dépendante du vaste domaine de Jean de Cossa.
Aux XIVème et XVème, le port de pêche et de commerce draine une vaste clientèle, jusqu'en 1470, date de la construction du port de Saint-Tropez.
En 1929, Cavalaire fut détaché de Gassin, pour devenir une ville indépendante.
Cavalaire fut le théâtre d'importantes opérations militaires lors du débarquement allié en Provence durant la Seconde Guerre mondiale.

Aujourd'hui : église Saint-Laurent.
Oppidum de Montjean.
Les Pointus du port, toujours en activité, typiques bateaux de pêche provençaux.
Espace archéologique.

Industrie ou activités : station de villégiature, avec port de plaisance, plages, animations de rue, activités nautiques... Tous types d'hébergements.

Armoiries : de gueules au bateau phénicien d'or, habillé d'argent, voguant sur une mer d'azur, agitée aussi d'argent, accompagné en chef à dextre d'un soleil levant aussi d'or et à senestre d'un perdreau du même.

Cours d'eau : plusieurs fleuves côtiers, le Fenouillet, les Collières, la Carrade…

Jumelage : avec Pino Torinese en Italie, Wolfach en Allemagne et New Port Richey aux Etats-Unis. Liens d'amitiés avec Jimeï en Chine et Santa Margherita Ligure en Italie.

Manifestations : tous au long de l'année, théâtre, spectacles, concerts…

Divers : la baie de Vavalaire est entourée par le cap Cavalaire et le cap Lardier. Plages. Plongée, voile, ski nautique…

CAVALAIRE. - Quartier de la Gare et Collines de La Croix

1 : Cavalaire, début XXème.
2 : Cavalaire, début XXème.
3 : Cavalaire, début XXème.

LA CELLE

Les Cellois.
Code postal : 83170.
Canton de Brignoles.
Superficie : 2100 ha.
Altitude : 219 à 827 m.
Population : 1982 : 730 h. 2010 : 1366 h.

Autrefois : présence d'un oppidum au sud-est du village actuel, sur le mamelon de Sainte-Marthe.

Découverte de sarcophages gallo-romains sur le site de La Gayolle.

Bourg traversé par la voie Aurélia.

L'histoire écrite de La Celle débute à la fin du Xème. Alors que La Celle n'est encore qu'un hameau de Brignoles, au XIème, l'abbaye de Saint-Victor de Marseille reçoit ce territoire en donation, où s'élève déjà une église. Elle y envoie des moines qui se regroupent autour d'une cella (prieuré), d'où l'origine du nom de la commune.

Le petit castrum des Pennes de la Gayolle apparait dans les textes en 1079. Jusqu'à la fin de l'Ancien Régime, son territoire constitua un fief particulier.

Au XIXème, la sériciculture se développe dans le village. Au début du XXème, l'exploitation de la bauxite fait vivre de nombreuses familles.

Aujourd'hui : abbaye de La Celle, édifiée vers le XIème, classée Monument Historique. Monastère de religieuses bénédictines, réformé au XVIIème par le cardinal Mazarin. Traversant les épisodes de mille ans d'Histoire, elle a fait l'objet d'importants travaux au fil des siècles, mais reste néanmoins l'un des monuments historiques d'architecture romane les mieux conservés.

Chapelle de la Gayolle, chapelle rurale d'origine mérovingienne, construit au XIème sur des vestiges du Vème.

Maison des Côteaux Varois, dégustation de vins.

Industrie ou activités : viticulture et tourisme. Deux marchés, le mardi et le vendredi. Un restaurant gastronomique dans l'ancien logis du prieur.

Armoiries : d'or à la selle de cheval de sable.

Cours d'eau : le Caramy, et plusieurs de ses affluents.

Manifestations : les soirées musicales de l'abbaye de La Celle, en été.

Divers : sentiers de randonnée.

---

1 : La Celle, début XXème.
2 : La Celle, 1955.

CHÂTEAUDOUBLE

Les Châteaudoublains.
Code postal : 83300.
Canton de Callas.
Superficie : 4091 ha.
Altitude : 210 à 1039 m.
Population : 1982 : 271 h. 1999 : 381 h.

Autrefois : découverte d'un des plus vieux gisements préhistoriques reconnus en Provence, dans les gorges de Châteaudouble.
Village autrefois divisé en deux parties fortifiées, d'où vient probablement le nom de la commune.
Lieu cité sous le nom de Castellum Diaboli en 1021, puis Castel Dulpo en 1038.
L'origine du village se situe sur la falaise, fortifiée et dotée d'une église, d'une tour et d'une citerne.
Au XVème, la falaise devenant trop exigüe, le village sera reconstruit là où il se trouve actuellement, autour de la nouvelle église.

Aujourd'hui : église Notre-Dame de l'Annonciation, XVIème, agrandie au XVIIème.
Chapelle Saint-Pierre.
Chapelle de la Sainte-Trinité au hameau de Rebouillon, 1685, clocher 1823.
Village perché ponctué de rues en calades, de passages voûtés, d'anciennes maisons, de frontons sculptés...
Grottes préhistoriques.
Ancienne tour de garde, vestige de l'un des deux châteaux du village.

Armoiries : de gueules fretté de six pièces, entresemé de quatre besants ordonnés en croix, à la fleur de lys brochant sur le tout, le tout d'or.

Cours d'eau : le Nartuby a creusé les gorges profondes de Châteaudouble.

Divers : sentiers de randonnée.

3912 – Châteaudouble (Var) - Entrée du Village

3910 – Châteaudouble (Var) – Vue Générale

1 : Châteaudouble, début XXème.
2 : Châteaudouble, début XXème.
3 : Châteaudouble, début XXème.

CHÂTEAUVERT

Les Castelverdois.
Code postal : 83670.
Canton de Barjols.
Superficie : 2752 ha.
Altitude : 162 à 561 m.
Population : 1982 : 100 h.1999 : 107 h.

Autrefois : découverte de vestiges d'une villa romaine, et d'une nécropole médiévale.
Vers 1060, un village semble s'être développé autour du château.
« Castrum Verum » était l'une des principales possessions de la famille de Châteaurenard dans la vallée de l'Argens.
Inhabité au XVème, le territoire fut repeuplé par la construction de bastides dispersées aux XVIème et XVIIème.

Aujourd'hui : église de la Transfiguration, surmontée d'un campanile du XVIIème.
Ruines du château médiéval, ancien fief des évêques de Marseille.
Jardin de sculptures modernes, près d'un pigeonnier.

Activités : viticulture, plusieurs domaines.

Cours d'eau : l'Argens. Le vallon Sourn.

Divers : commune située au cœur de la Provence Verte. Le vallon Sourn, lieu d'escalade réputé. Bords de rivière aménagés. Sentiers de randonnée.

CHÂTEAUVIEUX

Les Châteauvieillains ou les Castelvieillencs.
Code postal : 83840.
Canton de Comps-sur-Artuby.
Superficie : 1497 ha.
Altitude : 843 à 1271 m.
Population : 1982 : 34 h. 2008 : 71 h.

Autrefois : découverte de vestiges anciens.
Au IXème, une abbaye de femmes relevant de l'ordre de Cîteaux fut construite. Elle existait encore au XIVème.
L'ancien village se situait sur un rocher où se trouvait un château fort, d'où le nom de la commune dès le Xème.

Aujourd'hui : église Saint-Maur, XVIIème, restaurée vers 1980.
Au milieu de la forêt, chapelle Saint-Pierre en Demueyes, construite à l'emplacement d'une abbaye cistercienne au XIIème, près de laquelle coule une source autrefois réputée pour guérir certaines maladies.

---

1 : Châteauvert, 2013.
2 : Châteauvieux, 2013.
3 : Châteauvieux, 2013.

Commune constituée de deux villages, celui du Bas et celui du Haut.
Un oratoire.
Deux lavoirs, un dans le Village Haut et un autre dans le Village Bas.
Activités : produits du terroir.
Cours d'eau : l'Artuby.
Manifestation : pèlerinage à la chapelle Saint-Pierre.
Divers : un lac. Point de départ de nombreuses randonnées.

CLAVIERS

Les Clavesiens.
Code postal : 83830.
Canton de Callas.
Superficie : 1589 ha.
Altitude : 192 à 728 m.
Population : 1982 : 469 h. 2013 : 598 h.
Autrefois : occupation du territoire à l'époque néolithique, comme l'atteste la présence d'un dolmen, aujourd'hui disparu.
Découverte, également, de vestiges d'un oppidum celto-ligure, près de la chapelle Sainte-Anne. Puis, lors de la construction de la route de Grasse, des amphores, des pièces de monnaie et des armes gallo-romaines.
On mentionne le nom de Claver au XIème, de Claverio au XIIème... Le nom de Claviers devient définitif au XVIème.
Le bourg castral de Meaulx, doté d'une église, figure dans une charte du XIème, mais fut abandonné au XVème. Son territoire fut alors partagé entre les communes de Claviers et de Seillans.
Aujourd'hui : église Saint-Sylvestre, édifiée au XIIIème, le clocher au début du XIXème.
Chapelle Saint-Sylvestre, ancienne chapelle castrale, aujourd'hui transformée en lieu d'expositions.
Chapelle Sainte-Anne.
Ruelles typiques ponctuées de vieilles demeures aux portes sculptées et des porches de pierre.
Industrie ou activités : huile d'olive. Chambres d'hôtes. Commerces et services de proximité.
Armoiries : d'azur aux deux clés affrontées d'or, pendant en chevron d'un annelet d'argent en chef.
Cours d'eau : le Riou de Claviers.
Divers : sentiers de randonnée.

1 : Claviers, début XXème.
2 : Claviers, début XXème.

COGOLIN

Les Cogolinois.
Code postal : 83310.
Canton de Grimaud.
Superficie : 2793 ha.
Altitude : 0 à 390 m.
Population : 1800 : 726 h. 1896 : 2054 h. 1921 : 1928 h. 1982 : 5639 h. 2013 : 11292 h.

Autrefois : selon une légende, une barque chargée du corps du martyr chrétien Torpes, d'un chien et d'un coq, se serait échouée sur les rives de l'actuelle Saint-Tropez. Le coq se serait envolé pour se poser sur les hauteurs, dans un champ de lin. D'où le nom de Cogolin et la présence du coq comme symbole dans le village.

Aujourd'hui : église Saint-Sauveur, XVIème.
Chapelles Saint-Roch, XVIIème et XIXème.
Le village a gardé son esprit d'antan, avec ses passages voûtés et ses porches anciens en serpentine et basalte bulleux.
Tour de l'Horloge, XIVème, vestiges d'un château fort.
Anciennes fortifications.
Musées Raimu (consacré à la carrière de l'acteur) et du Coq, dans une demeure du XVIème.

Industrie ou activités : tous services, commerces et artisans. Trois zones artisanales. Fabrication renommée de pipes et de tapis. Cogolin est aussi réputé pour la fabrication de anches pour instruments à vent. Gîtes, hôtels, camping et chambres d'hôtes. Deux marchés hebdomadaires. Un port de plaisance.

Armoiries : partie, au premier d'azur au coq contourné d'or sur une terrasse cousue de sinople mouvant de la pointe, au second d'argent à la plante de lin terrassée de sinople, fleurie de pourpre.

Cours d'eau : la Giscle. La Môle.

Jumelage : avec Bad Wildbad en Allemagne.

Manifestations : corso fleuri en mars, bravades et fête patronale en mai, festival de la Mer, salon Tran'Arts, fête du Coq en septembre, expositions, brocantes…

Divers : tous types de structures culturelles et sportives. Ville située dans le Golfe de Saint-Tropez. Un port de plaisance. Sports nautiques. Excursions. Randonnées pédestres.

---

1 : Cogolin, début XXème.
2 : Cogolin, début XXème.

COLLOBRIÈRES

Les Collobriérois.
Code postal : 83610.
Chef-lieu de canton.
Superficie : 11268 ha.
Altitude : 58 à 776 m.
Population : 1982 : 1337 h. 2009 : 1843 h.

Autrefois : les premières traces de vie à Collobrières datent de l'époque pré-romaine.
Le village doit son appellation aux innombrables couleuvres dans le Réal Collobrier.
Au Xème, la région était sous la férule de seigneurs qui avaient reçu ces terres en récompense.
A l'endroit du vieux village, les seigneurs de Pierrefeu édifièrent un château sur un éperon rocheux dominant le Réal Collobrier. En 1060, le seigneur Pontius de Vicino Castro fit don de la chapelle du château à l'abbaye de Saint-Victor à Marseille au profit de la population.
Une église paroissiale baptisée Saint-Pons, en hommage à son généreux donateur Pontius, fut élevée à la place de la chapelle.
La chartreuse Notre-Dame de la Verne fut fondée en 1170, à l'initiative de Pierre Isnard, évêque de Toulon, et Frédol d'Anduse, évêque de Fréjus. Elle fut construite à l'emplacement d'un ancien prieuré abandonné. L'ensemble fut plusieurs pillé, détruit, reconstruit, aménagé…
Après le départ des derniers Chartreux, les bâtiments furent vendus comme biens nationaux. Leur disparition semblait inéluctable. Classé Monument Historique entre temps, l'ensemble fut dans un premier temps restauré et sorti de l'oubli par une association. Les premiers moines reviennent à la chartreuse en 1982. Commencent alors des travaux plus importants permettant de faire renaître l'église romane et le grand cloître.
Plusieurs petits bourgs castraux existaient sur le territoire.
Au XIXème, l'exploitation du bois et du liège était l'une des activités de la commune. En 1850, la commune comptait 17 bouchonneries et 3 scieries. La commune a compté jusque 3000 habitants.

1 : Collobrières, début XXème.
2 : Collobrières, début XXème.
3 : Collobrières, début XXème.

Aujourd'hui : église Notre-Dame des Victoires, 1873-1875. Chapelle Notre-Dame, XIXème.
Vestiges de l'ancienne église Saint-Pons, XVIème.
Ancienne chapelle des Pénitents.
Construite sur un promontoire rocheux, l'ancienne chartreuse Notre-Dame de la Verne, d'origine XIIème, a fait l'objet d'une belle restauration jusqu'à nos jours.
Au XVIIème, le monastère fut orné d'une pierre extraite d'une carrière de La Môle. Depuis 1982, les bâtiments accueillent la famille monastique de Bethléem, de l'Assomption de la Vierge et de Saint-Bruno.
Plusieurs oratoires.
Mausolée, 1890.
Un vieux pont en dos d'âne, origine XIIème, époque de la fondation du village.
Menhirs de la Ferme Lambert.
Fontaines.
Office de tourisme.
Atelier et musée du Santon.
Industrie ou activités : village entouré de vignes et de châtaigniers. Collobrières est considéré comme la « capitale de la châtaigne ». Une fabrique de marrons glacés y est implantée depuis plusieurs années. Plusieurs producteurs de produits dérivés de la châtaigne. Un camping, gîtes et chambres d'hôtes. Commerces et services variés. Artisans d'art. Huile d'olive. Exploitation de chênes-liège.
Armoiries : d'azur au châtaignier d'argent accosté de deux couleuvres tortillées en pal et affrontées du même, à la bordure d'or chargée des mots COLL à dextre, OBR en chef et IERES à senestre en lettres capitales de gueules.
Cours d'eau : le Réal Collobrier.
Jumelage : avec Frabosa Sottana en Italie.
Manifestations : festival de la nature en mai. Fête de la châtaigne en octobre. La semaine des arts, en septembre…
Divers : village labellisé « *village de caractère du Var* ». Sentiers de randonnée, dont les GR 9, GR 90 et GR 51. Commune située en plain cœur du massif des Maures, dont elle est la capitale.

1 : Collobrières, début XXème.
2 : Collobrières, début XXème.
3 : Collobrières, début XXème.

COMPS-SUR-ARTUBY

Les Compsois .
Code postal : 83840.
Chef-lieu de canton.
Superficie : 6349ha.
Altitude : 736 à 1178 m.
Population : 1805 : 739 h. 1892 : 724 h. 1939 : 444 h. 1982 : 271 h. 1999 : 280 h.

Autrefois : occupation du territoire à une époque ancienne.
L'ancien village fortifié se trouvait autrefois sur le rocher qui supporte la chapelle Saint-André.
Les Hospitaliers de Saint-Jean de Jérusalem récupéreront les biens des Templiers lors de la dissolution de cet ordre. Les Hospitaliers deviendront ensuite les Chevaliers de Malte.
Au début du XVIème, les chevaliers hospitaliers de Saint-Jean-de-Jérusalem sont les seuls seigneurs de Comps.
Pendant les guerres de succession de la Reine Jeanne, le village et ses remparts furent détruits par Charles de Duras. Les habitants s'établirent alors dans la campagne où ils bâtirent plusieurs hameaux. La paix revenue, le village fut reconstruit en amphithéâtre sur le penchant du rocher qu'il occupe aujourd'hui.

Aujourd'hui : la chapelle classée de Saint-André, construite au XIIIème par les Hospitaliers de Saint-Jean-de-Jérusalem, domine le village.
Eglise Sainte-Philomène, XIXème.
Chapelle Saint-Jean, origine romane, construite par les Hospitaliers.
Chapelle Saint-Didier, aussi construite par les Hospitaliers.
Chapelle Notre-Dame, aujourd'hui englobée dans un camp militaire.
Un pont sur l'Artuby, XVIIème, dit « pont romain ».
Une fontaine et sa source, origine médiévale.

Industrie ou activités : hôtels, restaurants et chambres d'hôtes. Un camping municipal et une aire de camping-car.

Armoiries : de gueules à un monde d'or croisé du même, accompagné de trois besants aussi d'or, deux en chef et un en pointe.

Cours d'eau : l'Artuby. Le Jabron.

Divers : randonnées au milieu des montagnes boisées, des gorges de l'Artuby...

1 : Comps, début XXème.
2 : Comps, début XXème.
3 : Comps, début XXème.

CORRENS

Les Corrensois.
Code postal : 83570.
Canton de Cotignac.
Superficie : 3706 ha.
Altitude : 139 à 561 m.
Population : 1982 : 521 h. 1999 : 661 h.

Autrefois : le site fut occupé dès l'époque préhistorique, comme l'atteste la découverte de quelques vestiges.
La première agglomération médiévale s'installe au Xème, au pied du fort Gibron, ancienne résidence des abbés de Montmajour.
Correns dépendait de la puissante abbaye de Montmajour-les-Arles.

Aujourd'hui : église Notre-Dame, reconstruite au XVIIIème suite à son effondrement en 1734.
Le village, bâti sur une hauteur, est dominé par une ancienne demeure abbatiale du XIIIème, le Fort Gibron, et par les vestiges d'un donjon.
Le village est aussi ponctué par ses rues en calades, ses passages étroits, ses maisons Renaissance, quelques vestiges de son enceinte…
Tour de l'Horloge, beffroi XVIème surmonté d'un campanile au XIXème.
Porte Saint-Germain, XIIème.
Un vieux pont de pierre, d'une seule arche.
Office de tourisme.

Industrie ou activités : Un camping municipal. Gîtes et chambres d'hôtes. L'agriculture biologique (miel, fromage, huile d'olive, vin…) est très développée dans la commune, et en fait donc le premier village bio de France.

Personnage : le couple d'acteurs américains Angelina Jolie et Brad Pitt sont installés dans une demeure sur le territoire de cette commune.

Cours d'eau : l'Argens.

Manifestations : expositions de peintures au fort Gibron. Festival de musique du monde en juin.

Divers : village situé au cœur de la Provence Verte. Site du Vallon Sourn, lieu réputé d'escalade. Sports nautiques sur l'Argens.

---

1 : Correns, début XXème.
2 : Correns, début XXème.
3 : Correns, début XXème.

COTIGNAC

Les Cotignacéens.
Code postal : 83570.
Chef-lieu de canton.
Superficie : 4426 ha.
Altitude : 144 à 712 m.
Population : 1800 : 3080 h. 1896 : 2292 h. 1931 : 1628 h. 1982 :1628 h. 2013 : 2146 h.

Autrefois : à l'ère quaternaire, la rivière la Cassole coulait par-dessus le rocher. Elle fut détournée et passe maintenant à l'est de la commune.
Un premier village était installé au sommet de cette barre rocheuse, au lieu-dit Saint-Martin.
A partir des années 1000, un autre village s'installa au pied du rocher. Un premier château y est construit en 1032. Le nom de Cotinacco est attesté dès 1030.
Au Moyen-Âge, la seigneurie a appartenu aux comtes de Provence.
Une activité économique se développa au pied du rocher, notamment des moulins à farine et une usine hydroélectrique qui vit le jour en 1897. Des habitations troglodytiques y furent construites.
Jusqu'à la fin du XIXème, le rocher servit également de carrière pour construire le village actuel.

Aujourd'hui : église paroissiale de l'Annonciation, origine romane, agrandie au XVIIème, façade XVIIIème.
Sanctuaire Notre-Dame de Grâces, où la Vierge Marie serait apparue en 1519.
Chapelle romane Saint-Martin.
Le bourg se dresse au pied d'un imposant rocher de tuf de 80 mètres de haut et de 400 mètres de long. Ses ruelles étroites sont jalonnées de vieilles maisons, d'ornements en pierre…
Tour de l'Horloge et son campanile.
Deux tours de guet médiévales, construites sur le rocher.
Habitations troglodytiques dans l'ancien quartier, qui servirent à de nombreuses reprises d'abris et de refuges aux habitants.
Plusieurs fontaines (17 au total), dont la fontaine des Quatre Saisons, ou la fontaine du Lavoir.
Presses de l'ancien moulin à huile, datées de 1610.
Une maison est ornée de trois cariatides.
Office de tourisme.

1 : Cotignac, début XXème.
2 : Cotignac, début XXème.
3 : Cotignac, début XXème.

Industrie ou activités : une coopérative viticole, dans un ancien moulin à huile. Huile d'olive. Miel. Un camping. Gîtes et chambres d'hôtes. Commerces et services de proximité.
Personnages : - de nombreux artistes sont passés à Cotignac afin de s'inspirer de ses paysages.
- Louis XIV et sa mère Anne d'Autriche viennent le samedi 21 février 1659 à Cotignac pour remercier de la naissance de Louis XIV, 20 ans plus tôt.
Cours d'eau : la Cassole et ses chutes.
Manifestations : tout au long de l'année, expositions, concerts, théâtre... Brocantes.
Divers : commune de la Provence Verte, proche de nombreux sites touristiques (gorges du Verdon, lac de Sainte-Croix...). Village labellisé « village de caractère ».

LA CRAU

Les Craurois .
Code postal : 83260.
Chef-lieu de canton.
Superficie : 3787 ha.
Altitude : 15 à 270 m.
Population : 1856 : 2.381 h. 1931 : 3.483 h. 1982 : 8.877 h. 2010 : 16.786 h. (dont 4.000 pour le seul hameau de La Moutonne).
Autrefois : il y a près de 5 000 ans, l'activité humaine existait à La Crau, comme l'atteste le résultat de certaines fouilles. Il est probable que des Grecs séjournèrent ici vers 600 avant JC, précédant les Celtes, puis les Romains qui fondèrent une petite cité sur les bords du Gapeau. Sur les ruines de celle-ci, fut érigé au XIIIème, le hameau de Notre-Dame qui constituait le premier village craurois et faisait partie de la commune d'Hyères, tout comme celui de La Moutonne.

1 : Cotignac, début XXème.
2 : La Crau, début XXème.
3 : La Crau, début XXème.

Puis, le centre craurois se déplaça vers le hameau des Pourpres, pour devenir ensuite l'actuel centre ville. En 1311, apparut l'édification d'un ermitage au sommet du Mont Fenouillet, détruit lors de la Révolution et remplacé vers 1850 par Notre-Dame-de-Consolation.

Le canal Jean Natte, petit cours d'eau plus connu sous le nom de Béal, fut construit au XVème, afin d'alimenter les moulins à farine. Déviant les eaux du Gapeau, sa présence servait également à l'irrigation des cultures, et jusque dans les années 60, de lavoir.

En 1853, après un demi-siècle de négociations, La Crau d'Hyères obtint son indépendance, et reliée au hameau de La Moutonne, devient enfin la commune de La Crau.

Le bourg de La Crau fut pendant longtemps une terre viticole et possédait d'importants domaines. Il s'est peu à peu industrialisé, de par sa proximité de Toulon.

Aujourd'hui : église Notre-Dame de la Visitation, consacrée en 1848. Campanile posé en 1998.

Chapelle Notre-Dame du Fenouillet, 1880, à partir de laquelle un petit sentier monte en haut du Mont Fenouillet.

Chapelle de La Moutonne.

Les bâtiments de la coopérative agricole sont classés aux Monuments Historiques, dite aussi La Distillerie.

Le Béal (ou canal Jean Natte), petit canal long de 8 Km, consolidé en 1631.

Office de tourisme.

Industrie ou activités : tous commerces et services. La ville comptabilise en 2009, plus de 1300 entreprises. Production de vin et d'huile d'olive. Une cave coopérative. Marchés hebdomadaires le mercredi et le dimanche. Activités touristiques liées à la proximité du littoral méditerranéen. Gîtes, campings et chambres d'hôtes.

Personnages : - Pierre Anfosso (La Crau 1928 – Hyères 2004). Peintre français.

- René Troln (né à La Crau en 1952). Journaliste.

1 : La Crau, début XXème.
2 : La Crau, début XXème.
3 : La Crau, début XXème.

Armoiries : d'argent au pied de vigne arraché, tigé et feuillé de sinople, fruité de trois pièces de gueules, au franc-quartier d'azur chargé d'un soleil d'or.
Cours d'eau : le Réal Martin. Le Gapeau. Le Béal, ou canal Jean Natte, petit cours d'eau créé au XVème pour alimenter les moulins à farine.
Jumelage : avec Villeneuve en Suisse. Liens d'amitié avec Rosà en Italie.
Manifestation : rallye automobile en mai.
Divers : panorama depuis le Mont Fenouillet (291 mètres), point culminant du massif des Maurettes. Sentiers de randonnée.
Principaux hameaux : Les Martins. Les Goys Founiers, La Moutonne…

LA CROIX-VALMER

Les Croisiens .
Code postal : 83420.
Canton de Saint-Tropez.
Superficie : 2228 ha.
Altitude : 0 à 369 m.
Population : 1982 : 2064 h. 2010 : 3429 h.
Autrefois : découverte de vestiges anciens, notamment des outils préhistoriques, ou encore les restes d'une villa galo-romaine.
La Croix-Valmer fut détaché de la commune de Gassin en 1935, et se développa autour d'une exploitation viticole. Au début du XXème, il s'agissait d'une station de villégiature composée de villas et de beaux hôtels.
Pendant la Seconde Guerre mondiale, les plages de La Croix-Valmier furent un haut lieu du débarquement en Provence.
Aujourd'hui : église paroissiale, fin XIXème ou début XXème.
Le vieux village est dominé par la Tour de l'Horloge du XIVème.
Vestiges d'un château fort et d'anciennes fortifications.
Vestiges de la villa gallo-romaine de Pardigon, visites organisées.

1 : La Crau, début XXème.
2 : La Crau, début XXème.
3 : La Croix-Valmer, début XXème.

La Croix de Constantin : l'empereur romain Constantin, en route pour Rome en 312, vit apparaître dans le ciel une croix accompagnée de ces mots "In hoc signo vinces" (par ce signe tu vaincras). Il se convertit aussitôt au christianisme et adopta le labarum, étendard marqué d'une croix. La croix de pierre érigée en 1893 rappelle cet épisode. Elle a été élevée au lieu supposé de la vision. Le village de la Croix-Valmer en a tiré son nom.

Quelques belles villas ou hôtels de la belle époque, témoins de la vocation balnéaire de la ville.

Industrie ou activités : nombreux commerces et services. Plus de 250 activités économiques sont recensées. Activités touristiques du fait de son statut de station balnéaire et de sa situation au cœur du Golfe de Saint-Tropez. Zones commerciales. Hôtels, campings, gîtes et chambres d'hôtes.

Jumelage : avec Gambassi en Italie.

Divers : Maison des Arts, enseignements culturel et artistique. Commune située au pied du massif des Maures. Plages de sable fin sur 6 Km. Un parc naturel de 220 hectares offre de nombreuses possibilités de promenades, des paysages exceptionnels, des criques... Sports nautiques.

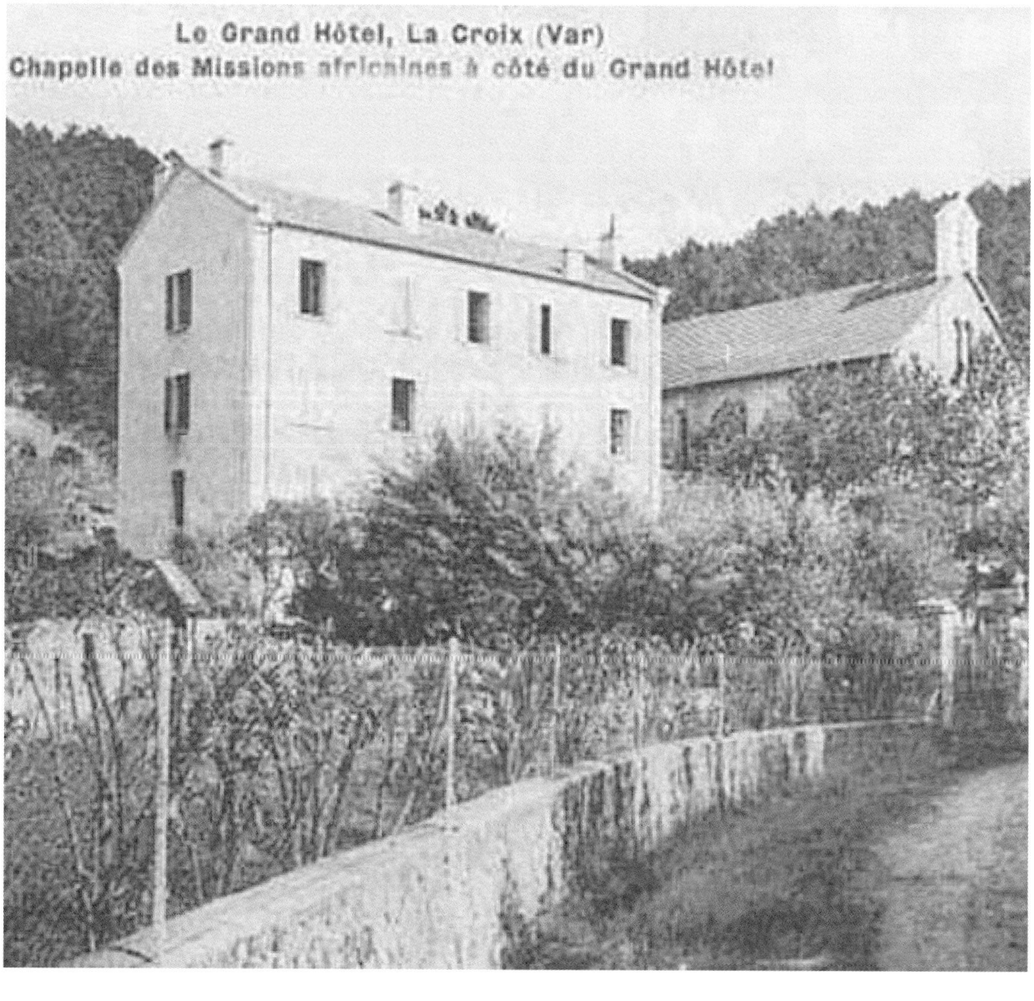

1 : La Croix-Valmer, début XXème.
2 : La Croix-Valmer, début XXème.

CUERS

Les Cuersois.
Code postal : 83390.
Chef-lieu de canton.
Superficie : 5053 ha.
Altitude : 71 à 700 m.
Population : 1808 : 5123 h. 1896 : 3383 h. 1939/41 : 3698 h. 1982 : 6599 h. 2013 : 10.246 h.

Autrefois : les toutes premières traces de vie à Cuers datent de 17.000 ans avant J.C. Depuis cette époque, la région a toujours été occupée.

Au VIIIème, pour échapper aux invasions sarrasines, les habitants vont se réfugier dans la forêt et y construire les hameaux de Valcros et de Saletta. A cette date, Cuers appartient au comté de Fréjus.

A la fin du Xème, le castrum est entouré de remparts (il en reste de beaux vestiges, situés dans l'entourage immédiat de la chapelle Notre-Dame de Santé).

A la fin du XIVème, la ville se fortifie de nouveau, pour se protéger des assauts venant des Toulonnais et s'entoure de plusieurs portes, dont une subsiste dans la rue Nationale (porte à bossages).

Le village se développe alors lentement, subissant les diverses guerres de Religion et tentatives d'invasions, mais il subsistera à chaque fois.

Cuers est très touché par les deux Guerres Mondiales.

Malgré son histoire tourmentée, le bourg a toujours eu une production variée : céréales, tabac, vignes, pommes de terre, chèvres, taureaux, moutons, fleurs.

Au XVIIème, une chapelle Notre-Dame-de-Consolation existait près du couvent de Récollets.

Le couvent de Récollets (aujourd'hui une habitation) fut fondé en 1634.

Un couvent d'Ursulines, fondé en 1636, est démoli en 1790.

De nombreux moulins à huile témoignent d'une activité économique importante liée à la culture d'oliviers. Le cadastre de 1846 en dénombre une douzaine et neuf fonctionnaient encore en 1911.

---

1 : Cuers, début XXème.
2 : Cuers, début XXème.
3 : Cuers, début XXème.

Aujourd'hui : église paroissiale Notre-Dame-de-l'Assomption. Au début du XVIème, l'église Saint-Pierre est agrandie et englobée dans la construction qui donnera à l'église actuelle, la forme que l'on connaît de nos jours. Le vaisseau central qui date de la seconde moitié du XIIème, situé dans l'église actuelle, n'est autre que l'église romane Saint-Pierre. Elle fut modifiée, rehaussée, allongée, et on y ajoutera un chœur gothique (l'actuel). Au XVIIIème, reconstruction de la nef centrale.

Village typiquement provençal, avec ses ruelles sinueuses, bordées de vieilles maisons datant du XVIème au XVIIIème.

Ancienne chapelle Sainte-Thérèse, édifiée en 1636, agrandie en 1776, devenue salle municipale.

Chapelle Notre-Dame-de-Santé, construite en 1876-1878, suite à l'épidémie de choléra, dont Cuers fut épargné.

Chapelle Sainte-Christine, XVIème.

Chapelle Saint-Roch, XVIIème.

Chapelle Saint-Jean-Baptiste, existait au XIIIème.

Chapelle pré-romane Saint-Laurent, privée, dont le chœur est conservé.

Ancienne chapelle Saint-François, 1845, aujourd'hui une salle de projection.

Ancienne chapelle Saint-Pierre, dont il ne reste qu'une porte.

Ancien couvent de Bernardines, (établies en 1640), démoli. La chapelle est devenue une habitation.

Ancien hospice Saint-Jacques, fin XVIIème, la chapelle pourrait être plus ancienne.

Oppidum avec remparts au lieu-dit l'Adrech du Castellas.

Une dizaine d'oratoires.

Aqueduc des « 5 ponts », composé de neuf arches, parait dater du XVème.

Vestiges des anciennes fortifications de la fin du Xème.

Un seul moulin à huile est toujours en activité.

Douze fontaines, dont huit possèdent un lavoir.

Office de tourisme.

1 : Cuers, début XXème.
2 : Cuers, début XXème.

Industrie ou activités : aujourd'hui, Cuers continue la culture de la vigne et de l'olivier. Domaines viticoles. Gîtes et chambres d'hôtes. Développement de l'industrie de l'aviation et de la Défense sur Base Aéronavale de Cuers-Pierrefeu. Produits de terroir.
Armoiries : d'azur aux deux clefs d'argent passées en sautoir, au cœur de gueules brochant sur le tout, chargé d'une fleur de lys d'or.
Cours d'eau : le Maige Pan.
Divers : les barres de Cuers, falaise calcaire longue de 5 Km, cuminant à 704 mètres, traversée par les GR 9 et GR 51.
Hameau : Valcros.

DRAGUIGNAN

Les Dracenois.
Code postal : 83300.
Chef-lieu de canton.
Superficie : 5375 ha.
Altitude : 153 à 603 m.
Population : 1800 : 6113 h. 1896 : 9963 h. 1926 : 9941 h. 1982 : 26667 h. 2009 : 36601 h.
Autrefois : les premières traces de vie sur le territoire datent de la Préhistoire, comme l'atteste la présence de mégalithes.
Le passage de la voie romaine reliant l'Italie à l'Espagne, montre l'activité du bourg à cette époque, avec la présence de villas.
Le nom de la ville est cité pour la première fois en 909. Plusieurs seigneurs se partagèrent le territoire au Moyen-Âge.
A partir du XIVème, la ville connut des périodes moins fastes et sa population diminua jusqu'en 1470.
Le château fut détruit sous Louis XIV, puis reconstruit en 1663, avec son célèbre campanile de 24 mètres de haut.
A partir du XVIIème, la ville est prospère. Les industries du savoir, du cuir et des soieries font la richesse de la ville. De nombreux couvents et monastères sont construits. Certains existent encore, mais d'autres ont disparu. Entre autres, l'église de Sainte-Marie ou encore la chapelle Notre-Dame de Montserrat n'existent plus.
La Révolution épargna la ville.
Draguignan devient même le siège de la préfecture du Var, de 1800 à 1974.

---

1 : Draguignan, début XXème.
2 : Draguignan, début XXème.
3 : Draguignan, début XXème.
4 : Draguignan, début XXème.
5 : Draguignan, début XXème.

L'activité économique de Draguignan, au XIXème, était concentrée autour d'activités agricoles (culture des oliviers et de la vigne depuis l'époque des Romains) et de quelques industries (fabrication d'horloges, savonneries…).
La vocation militaire de la ville de Draguignan se renforce aux XIXème et XXème, notamment avec la présence de casernes et de la base militaire de Canjuers et l'installation de l'école d'artillerie.
Aujourd'hui : église Saint-Michel, à l'emplacement d'un prieuré de Bénédictins.
Chapelle de Saint-Hermentaire, origine ancienne.
Chapelle Saint-Sauveur, ancienne chapelle castrale XIIème.
Chapelle Notre-Dame du Peuple, XVIème.
Chapelle du Bon-Pasteur, 1850.
Ancien couvent des Cordeliers.
Chapelle des Observants, XVIème, aujourd'hui un lieu d'expositions.
Ancienne chapelle des Minimes.
Vestiges de l'ancien couvent des Augustins.
Une annexe de l'hôpital est installée dans l'ancien couvent des Capucins.
Le musée municipal est installé, depuis, dans l'ancien couvent des Ursulines, qui a aussi accueilli la résidence d'été des évêques de Fréjus.
Le palais de justice est édifié sur l'emplacement du couvent des Franciscains, et l'hôtel de ville sur celui des Cordeliers.
Château du Dragon,
Un menhir et un dolmen.
Tour de l'Horloge, XVIIème, surmontée de son campanile.
Maisons médiévales.
Maison dite de la Reine Jeanne, XVIème.
Vestiges archéologiques gallo-romains du Domaine de Saint-Hermentaire.
Musée municipal.
Musée de l'artillerie.
Musée des arts et traditions populaires.
Le nouveau théâtre, construit dans les années 1960, a intégré dans son architecture la façade de l'ancien théâtre du XIXème.
Office de tourisme.
Industrie ou activités : située aux portes du golfe de Saint-Tropez et du Verdon, la ville s'est tournée vers le tourisme. Gîtes, hôtels et chambres d'hôtes.

---

1 : Draguignan, début XXème.
2 : Draguignan, début XXème.
3 : Draguignan, début XXème.
4 : Draguignan, début XXème.

Personnages : - Jacques Bernard Bernard (Draguignan 1774 – Paris 1852), général français de la Révolution et de l'Empire.

- Pierre-Jean de Boyer (Draguignan 1682 – Aix-en-Provence 1757), marquis d'Argens, conseiller au Parlement de Provence.
- Pierre Clément (Draguignan 1809 – Paris 1870). Historien, érudit et économiste.
- Claude Gay (Draguignan 1800 - Deffens 1873). Naturaliste et historien français.
- Césarié Gensollen (Draguignan 1802 – 1875). Femme écrivain française.
- Hippolyte Mège-Mouriès (Draguignan 1817 - Paris 1880), chimiste, inventeur de la margarine.
- Honoré Muraire (Draguignan 1750 – Paris 1837). Comte de l'Empire.
- Olivier Pettit (Paris 1918 – Draguignan 1979). Sculpteur et céramiste français.

Cours d'eau : le Nartuby.

Jumelage : avec Tuttlingen en Allemagne.

Manifestations : foire aux olives, corso fleuri, festival de jazz…

ENTRECASTEAUX

Les Entrecastelains.
Code postal : 83570.
Canton de Cotignac.
Superficie : 3211 ha.
Altitude : 97 à 354 m.
Population : 1982 : 527 h.1999 : 863 h.

Autrefois : site occupé depuis l'époque néolithique. Les Ligures, les Celtes puis les Romains occupèrent tour à tour ce promontoire rocheux.

Au Moyen-Âge, les oppidums laissèrent la place à des maisons fortifiées ou des castella.

Le nom de « intercastellos » apparaît pour la première fois en 1012 dans le cartulaire de Saint-Victor à Marseille, le village étant situé au mileu de plusieurs castella.

Plusieurs lignes de fortifications furent édifiées au fil des siècles.

Aujourd'hui : église Saint-Sauveur, XIIIème.

---

1 : Draguignan, début XXème.
2 : Draguignan, début XXème.
3 : Entrecasteaux, début XXème.

La mairie est installée dans l'ancienne chapelle des Pénitents Blancs, XVIIème.
Chapelle Notre-Dame de l'Aube, XIIème.
Chapelle Sainte-Anne, XVIIIème.
Village pittoresque, avec ses ruelles étroites à calades, ses maisons anciennes, ses fenêtres à meneaux, ses portes de ville…
Château d'Entrecasteaux, ancienne forteresse du XIème, remaniée au fil des siècles. Jardin à la française réalisé par Le Nôtre.
Chapelle Notre-Dame de l'Aube, XIIème.
Anciens moulins à huile.
Fontaines et lavoirs.
Ponts Saint-Pierre et Sainte-Catherine, XVIIIème.
Office de tourisme.
Industrie ou activités : une coopérative oléicole et une coopérative vinicole. Gîtes et chambres d'hôtes. Commerces et services de proximité.
Personnages : - Antoine Raymond Joseph Bruny d'Entrecasteaux (né à Entrecasteaux en 1737 – mort dans l'océan Pacifique en 1793). Navigateur français, qui partit à la recherche de l'expédition de La Pérouse.
- Mme de Sévigné fréquenta le château.
Armoiries : de gueules au pal d'or accosté de deux tours d'argent ouvertes du champ.
Divers : commune de la « Provence Verte ». Parcours d'accrobranche.

1 : Entrecasteaux, début XXème.
2 : Entrecasteaux, début XXème.
3 : Entrecasteaux, début XXème.

ESPARRON

Les Esparronnais.
Code postal : 83560.
Canton de Barjols.
Superficie : 3004 ha.
Altitude : 327 à 641 m.
Population : 1982 :192 h. 2007 : 253 h.

Autrefois : présence humaine attestée dès l'époque préhistorique.

A l'époque de la colonisation romaine, une villa s'installe près du site actuel de la chapelle du Revest. Puis un monastère s'y implante.

Ce village doit sa renommée à Charles d'Arcussia, seigneur des terres au XVIIème, et célèbre pour avoir édicté le premier traité officiel de fauconnerie.

En 1591, théâtre d'une bataille entre les royalistes et les troupes du Duc de Savoie.

Aujourd'hui : église de l'Assomption, XVIIème.

Chapelle Notre-Dame du Revest, XIIème, ancienne église d'un monastère bénédictin.

Château, origine XIIIème et XIVème, restauré au XVIIIème.

Vieilles maisons et ruelles.

Industrie ou activités : huile d'olive de Provence AOC. Une chambre d'hôtes.

Manifestation : fête de la fauconnerie.

EVENOS

Les Ebrosiens.
Code postal : 83330.
Canton d'Ollioules.
Superficie : 4195 ha.
Altitude : 78 à 804 m.
Population : 1800 : 720 h. 1896 : 594 h. 1921 : 601 h. 1982 : 1054 h. 2010 : 2137 h.

Autrefois : Evenos est un vieux village bâti en roches basaltiques.

Extraction de marbre.

Aujourd'hui : église Saint-Martin, origine romane, au Vieux Evenos.

La commune est éclatée en trois hameaux, le Vieux Evenos, Le Broussan et Sainte-Anne d'Evenos.

Sainte-Anne d'Evenos est le centre administratif du village.

Eglise Saint-Joseph, XVIIème, au hameau du Broussan.

---

1 : Esparron, début XXème.
2 : Esparron, début XXème.
3 : Evenos, début XXème.

Le village pittoresque du Vieux Evenos est bâti sur une coulée volcanique, et se compose de rues en calades, de vieilles maisons de roche balsatique et de pentes escarpées. Il entoure les hautes murailles de son château féodal élevé au XIème, sous l'impulsion des vicomtes de Marseille et ensuite par les Vintimille.

Industrie ou activités : gîtes et chambres d'hôtes. Commerces et services divers.

Cours d'eau : la Reppe. Gorges du Destel et de l'Ollioules.

Manifestations : fête du hameau du Broussan en août, fête votive à Sainte-Anne d'Evenos en juillet, fête de la Saint-Martin au vieux village d'Evenos.

Divers : sentiers de randonnée. Gorges de l'Ollioules. Falaise du Cimaï, ancienne carrière de marbre, c'est aujourd'hui un site d'escalade renommé.

LA FARLÈDE

Les Farlédois.
Code postal : 83210.
Canton de Solliès-Pont.
Superficie : 831 ha.
Altitude : 41 à 640 m.
Population : 1982 : 4472 h. 1999 : 6873 h. 2006 : 8729 h.

Autrefois : La Farlède s'appelait Solliès-Farlède et faisait partie des quatre bourgs dépendant de la seigneurie de Solier, avec Solliès-Pont, Solliès-Toucas ainsi que Solliès-Ville. Devenue commune à part entière, c'est en 1789 que pour mieux marquer son indépendance, elle abandonne le nom de Solliès-Farlède et devient officiellement La Farlède.

Autrefois, on exploitait du grès, et une plâtrière (transformée en champignonnière pendant un temps) existait à La Farlède, ainsi qu'une tuilerie.

1 : Evenos, début XXème.
2 : Evenos, début XXème.
3 : La Farlède, début XXème.

Aujourd'hui : église Notre-Dame de l'Assomption, construite en 1751.
Chapelle de la Trinité, au hameau des Laures, Xème ou XIème.
Ancien moulin de La Capelle, fin XIXème.
Plusieurs fontaines.
Musée de l'école publique.
Office de tourisme.
Industrie ou activités : une zone industrielle. Deux marchés hebdomadaires, le mardi et le samedi matin. Tous commerces et services. Gîtes et chambres d'hôtes. Une importante oliveraie, dont certains arbres ont plus de 600 ans.
Armoiries : d'azur aux sept épis de blé d'argent, liés de gueules, surmontés d'un soleil d'or.
Cours d'eau : le Gapeau. Source du Reganas.
Divers : le mont Coudon (700 mètres) domine le bourg.

FAYENCE

Les Fayençois.
Code postal : 83440.
Chef-lieu de canton.
Superficie : 2768 ha.
Altitude : 184 à 665 m.
Population : 1805 : 2712 h. 1866 : 2176 h. 1939 : 1119 h. 1982 : 2652 h. 2013 : 5196 h.
Autrefois : occupation probable à l'époque néolithique, mais surtout à l'époque romaine, avec la construction de villas.
Au Moyen-Âge, l'histoire de la ville est liée à celle de l'abbé Mayeul, descendant de l'une des plus grandes familles seigneuriales du Xème.
Le château, résidence des évêques de Fréjus érigée au sommet de la colline, est démantelé au début du XVIIIème par l'évêque de Fréjus, estimant son inutilité.
En 1782, Fayence s'affranchit de la tutelle de l'évêque de Fréjus et se trouve dorénavant sous la souveraineté du roi de France.
De 1632 à 1823, le territoire du hameau de Saint-Paul-lès-Fayence (actuelle commune de Saint-Paul-en-Forêt) est rattaché à Fayence.

1 : La Farlède, début XXème.
2 : Fayence, début XXème.
3 : Fayence, début XXème.

Au XIXème, des travaux d'urbanisme sont entrepris (hôtel de ville restauré, avenue Gambetta percée, cimetière transféré…).

Aujourd'hui : église Saint-Jean-Baptiste, origine XIVème, reconstruite au XVIIIème.

Bourg perché, ponctué de rues en calades, de vieilles maisons…

Chapelle Notre-Dame des Cyprès, Xème et XIIème.

Chapelle Saint-Roch, XVIème.

Tour de l'Horloge, édifiée en 1807, surmontée d'un campanile.

La Porte Sarrasine, porte de ville édifiée au XIVème dans les remparts, a conservé ses mâchicoulis.

Une vieille tour de guet est le dernier vestige du château des évêques de Fréjus.

Treize fontaines, dont la fontaine du Paty, la fontaine Gabriel-Péry…

Office de tourisme.

Un écomusée agricole.

Ancien four communal, début XVIème.

Industrie ou activités : tous commerces et services. Hôtels, campings, gîtes et chambres d'hôtes. Huile d'olive AOC Provence.

Personnages : - Henri Dulac (Fayence 1870 – Fayence 1955). Mathématicien.

- Pierre-Emmanuel Vidal-Naquet (Paris 1930 – Nice 2006). Historien et helléniste français.

Armoiries : de sable à saint Jean-Baptiste brochant sur un agneau et tenant de sa senestre une bannerette, le tout d'argent.

Manifestations : fête des médiévales, en juin. Fête du pain en juillet. Fête patronale de Notre-Dame en septembre. Fête de l'olivier en octobre. Festival de quatuors à cordes en Pays de Fayence à l'automne…

Divers : un centre de vol à voile (cours et compétition), le plus important d'Europe, avec plus de 20.000 heures de vol. Une table d'orientation. Une piscine municipale, tennis, plateau sportif… Sentiers de randonnée.

1 : Fayence, début XXème.
2 : Fayence, début XXème.
3 : Fayence, début XXème.

FIGANIÈRES

Les Figaniérois.
Code postal : 83830.
Canton de Callas.
Superficie : 2817 ha.
Altitude : 227 à 719 m.
Population : 1765 : 1057 h. 1851 : 1212 h. 1896 : 823 h. 1936 : 455 h. 1982 1176 h. 2010 : 2547 h.

Autrefois : le castrum de Figa Nigra est attesté au XIème, dans le cartulaire de l'abbaye Saint-Victor de Marseille, signifiant par conséquent la présence d'un château ou d'une maison forte.

Au Moyen-Âge, le territoire de l'actuelle commune compte, outre le village, la Garde et l'Hospitalière, les Figanières et Saint Blaise, lesquels peu à peu se dépeuplent et n'ont plus aucun habitant à la veille de la Révolution.

Jusqu'au milieu du XIVème, la seigneurie appartient aux comtes de Provence. Au XVIème, à la famille de Puget, puis aux Vintimille en 1543.

Vers 1890, le territoire comprend trois moulins à huile et quatre fabriques d'huile.

Aujourd'hui : église Saint-Michel, agrandie en 1833, origine romane.

Chapelle Notre-Dame de l'Olivier, fin XIIème – début XIIIème, probablement l'ancienne église paroissiale du village.

Chapelle des Pénitents Blancs.

Chapelle Saint-Pons, XVIIème, située au cœur d'un vignoble.

Un syndicat d'initiative.

Jardin des Senteurs, élaboré sur les ruines du château des comtes de Vintimille, seigneurs de Fiagnières.

Lavoir de la Fontvieille.

Industrie ou activités : production de vin et d'huile d'olive. Commerces et artisans variés. Gîtes et chambres d'hôtes. Un village de vacances.

Armoiries : coupé, au premier d'argent à l'écureuil de sinople, au second de gueules à la barre d'argent.

Divers : circuits de randonnée.

---

1 : Figanières, début XXème.
2 : Figanières, début XXème.
3 : Figanières, début XXème.

FLASSANS-SUR-ISSOLE

Les Flassanais.
Code postal : 83340.
Canton de Besse-sur-Issole.
Superficie : 4368 ha.
Altitude : 203 à 527 m.
Population : 1982 : 1040 h. 2013 : 3143 h.

Autrefois : occupation du territoire dès l'époque préhistorique, comme l'atteste la découverte de silex datant de l'âge de bronze, puis des vestiges de villas gallo-romaines...
Bourg situé sur l'antique Via Aurélia, empruntée par les pèlerins de Saint-Jacques-de-Compostelle.
La première mention de la villa de Flassans date du début du VIIème. Le castrum est mentionné pour la première fois en 1045. Plusieurs églises y sont attestées au XIIème. Du milieu du XIIIème à 1390, l'abbaye de La Celle est propriétaire de la moitié de la seigneurie de Flassans.
Le Vieux-Flassans fut déserté au XVIIIème, et les habitants emportent avec eux, les pierres pour reconstruire dans la plaine. À cette époque, l'actuel village était divisé en deux quartiers de part et d'autre de la rivière : à l'ouest, le quartier haut était compris entre la Place Pasteur, et les rues Source Saint-Michel et du Colombier. Ce quartier s'articulait autour d'une église, aujourd'hui disparue.
A l'est, les rues des Boyers, du Four et de l'Eglise formaient le quartier bas. Ces deux entités étaient totalement indépendantes. Chacune possédait son église et sa mairie. L'église de la partie haute du village fût détruite lors de la création de la "route Royale" et remplacée par l'actuelle horloge.
A partir du IXème, la Provence subit de nombreux pillages et ravages, et Flassans ne fut pas épargné. C'est ainsi que le château fut construit, autour duquel se sont regroupés les habitants. En 1399, le château devient la propriété de la famille de Pontevès, qu'ils agrandirent et aménagèrent. En faisant cultiver le chanvre (notamment pour fabriquer les cordages de la flotte royale), Jean de Pontevès favorisa le développement de la commune.

2591. FLASSANS - Vue Générale

FLASSANS. - Quartier du Pont-Neuf

2602. FLASSANS — Le Pont Vieux

1 : Flassans, début XXème.
2 : Flassans, début XXème.
3 : Flassans, début XXème.

En 1604, le roi Henri IV accorde le privilège aux habitants de Flassans de tenir deux foires annuelles.
Une commanderie de Templiers existait à Peyrassol, déjà au début du XIIIème. Aux XVIIème et XVIIIème, le domaine appartenait à la commanderie de Beaulieu, de l'Ordre de Malte.
Aujourd'hui : église paroissiale Notre-Dame de l'Assomption, fin XIXème.
Ancienne église paroissiale Notre-Dame des Salles (jusqu'en 1871), au Vieux-Flassans, reconstruite au XVIIème sur l'emplacement de l'ancien édifice. C'est aujourd'hui une salle culturelle.
Chapelle Saint-Roch, XVIIIème et XIXème.
Ruines de la chapelle Saint-Benoît.
Chapelle Saint-Antoine, restaurée.
Chapelle Saint-Bernard, restaurée.
Chapelle Notre-Dame de Consolation, XVIème.
Ruines de la chapelle Saint-Achillée.
Vestiges de la chapelle Saint-André, origine romane.
Château Saint-Charles à la Rouvière.
Beffroi, XVIIIème, ancien clocher de l'église Saint-Michel (abattue).
Vestiges de l'ancien écart de la Haute Ville, village perché médiéval avec les ruines de son château féodal ayant appartenu à la famille de Pontevès, et ses remparts. Ancien chef-lieu au XVIIIème.
Fermes et maisons anciennes, dès le XVIIème.
Un vieux moulin à huile, transformé en bibliothèque.
Ancienne commanderie des Templiers de Peyrassol.
Quinze ponts, dont le pont romain de Campdumy, le pont de Piqueroque, le pont de Pastourette, le Pont-Vieux, le Pont-Neuf, le pont des Jonquières...
Plusieurs fontaines et lavoirs.
Dolmen de Campdumy.
Sur les sentiers de la colline de Maunier, vestiges d'un oppidum et de villas gallo-romaines.
Voie romaine de Carteresse.
Office de tourisme.

---

1 : Flassans, 1955.
2 : Flassans, début XXème.
3 : Flassans, début XXème.

Industrie ou activités : tous types de commerces et de services. Marché hebdomadaire le vendredi. Marché nocturne en été, le mercredi. Une galerie d'art. Viticulture. Une cave coopérative. Hôtels, gîtes et chambres d'hôtes.
Personnages : - Jean de Pontevès, Comte de Carcès (1512 - Flassans 1582). Généralissime des catholiques de Provence et Grand Sénéchal en 1572, ayant opéré essentiellement en Provence, lors des guerres de religion.
- Bernard Gavoty, né en 1908 à Paris, d'une famille originaire de Provence où son père, puis lui-même, possédait un domaine important « Campdumy » à Flassans sur Issole. Il fut organiste, critique musical et producteur d'émissions de télévision.
Armoiries : de sinople à la brebis d'argent paissant sur une terrasse du champ.
Cours d'eau : l'Issole.
Manifestations : plusieurs brocantes annuelles. Carnaval en avril. Fête du Pont, fête provençale en juillet. Fête patronale début août. Marché de Noël en décembre.
Divers : sentiers de randonnée. Lac Redon, inondé à certaines périodes de l'année. Parcours VTT et équestre, canoë sur l'Issole, aire de jeux, parc aventure…

1 : Flassans, début XXème.
2 : Flassans, début XXème.
3 : Flassans, début XXème.

FLAYOSC

Les Flayoscais.
Code postal : 83780.
Canton de Draguignan.
Superficie : 4595 ha.
Altitude : 140 à 752 m.
Population : 1954 : 1040 h. 1982 : 2384 h. 2013 : 4500 h.

Autrefois : traces d'occupation de peuples ligures, comme l'atteste la découverte de vestiges de deux oppida. Les Romains exploitèrent aussi les lieux.

Les ravages des Sarrazins incitèrent les habitants à ériger des murs autour de leur cité.

Les guerres de religion n'épargnèrent pas le bourg, et les habitants furent massacrés en 1589.

Le château fut détruit en 1792.

D'un point de vue économique, le canal d'arrosage construit au XIVème a permis le développement des moulins à blé et à huile.

Aujourd'hui : église Saint-Laurent, origine XIème, modifiée aux XVIème et XVIIème, et son campanile de fer forgé installé à la fin du XVIIIème.

Chapelle Saint-Jean.

Chapelle Saint-Augustin.

Bourg juché sur un piton rocheux, s'enroulant autour de son église, et jalonné de ruelles tortueuses, de vieilles portes, de nombreuses fontaines…

Château du Deffends et son parc.

Porte de Paris et Porte d'Orée, vestiges des remparts.

Plusieurs fontaines, dont celle située sur la place de la République, XVIIème.

Office de tourisme.

Industrie ou activités : trois moulins à huile. Bourg situé au milieu de champs d'oliviers. Tous commerces et services. Marché hebdomadaire le lundi. Gîtes et chambres d'hôtes.

Armoiries : de gueules à la lettre F en capitale d'argent.

Cours d'eau : le Pontchalade, le Florieyes et le Rimalte.

Jumelage : avec Vezza d'Oglio en Italie.

Manifestations : fête votive de la Saint-Laurent, foire artisanale, prix de littérature, marché de Noël, concerts, expositions d'art…

Divers : une zone Natura 2000.

---

1 : Flayosc, début XXème.
2 : Flayosc, début XXème.
3 : Flayosc, début XXème.

FORCALQUEIRET

Les Forcalqueirois.
Code postal : 83136.
Canton de La Roquebrussanne.
Superficie : 1033 ha.
Altitude : 284 à 528 m.
Population : 1800 : 241 h. 1896 : 274 h. 1921 : 263 h. 1982 : 744 h. 2010 : 2421 h.

Autrefois : les premières mentions du castrum de Forcalqueiret datent du XIème. A cette époque, le territoire appartient à l'abbaye Saint-Victor de Marseille.
Puis, pendant plus de trois siècles, la seigneurie appartient à la puissante famille d'Agoult, avant de devenir le fief militaire d'Hubert de Vins, chef du parti catholique, pourchassé par les Protestants.
Bâti au XIIIème, le château fut fortement remanié au XVème, avant d'être abandonné au cours du XVIIème.

Aujourd'hui : église Saint-Martin.
Le Castellas, vestiges perchés du château, XIème et XVIème. Véritable forteresse pendant les guerres de religion, il domine la vallée de l'Issole. Le sommet du piton rocheux est entièrement entouré d'un mur d'enceinte et d'un fossé sec. Il s'agit des ruines de la plus importante forteresse médiévale du Var.
Le Trou du Bœuf, petite grotte cachant des salles souterraines.

Industrie ou activités : commerces et services variés.

Cours d'eau : l'Issole.

Jumelage : avec Chiani en Italie.

Divers : sentiers de randonnée.

1 : Forcalqueiret, début XXème.
2 : Forcalqueiret, début XXème.
3 : Forcalqueiret, 1955.

FOX-AMPHOUX

Les Foxois.
Code postal : 83670.
Canton de Tavernes.
Superficie : 4076 ha.
Altitude : 376 à 691 m.
Population : 1982 : 287 h. 2009 : 447 h.

Autrefois : occupation du territoire à l'époque préhistorique, puis à l'époque gallo-romaine.

Le castrum d'Amphoux qui apparait en 1233, longtemps après celui de Fox, fut abandonné en 1471.

Le castrum de Fors est cité pour la première fois en 1097.

Aujourd'hui : église Saint-Blaise, au Vieux-Fox, origine XIIème, modifiée ou agrandie au fil des siècles.

Accolé à l'église, ancien prieuré des Hospitaliers.

Village médiéval du Vieux Fox, perché, avec ses ruelles en calades, ses maisons anciennes, les vestiges des remparts et du château féodal.

Chapelle Notre-Dame de Pitié ou chapelle des Pénitents Blancs.

Chapelle Saint-Ulfar, 1858.

Chapelle Notre-Dame de Bonsecours, aménagée dans une grotte.

Dolmen de Bassegat.

Quartier de La Bréguière, où se trouvent les bâtiments administratifs.

Maison natale de Paul Barras.

Industrie ou activités : une cave coopérative. Gîtes et chambres d'hôtes.

Personnage : Paul Barras (Fox-Amphoux 1755 – Paris 1829). Homme politique français. Député à La convention, il apparaît comme l'un des hommes clé de la transition vers le Directoire.

Armoiries : de gueules à la tour crénelée de sept pièces, ouverte de sable, donjonnée de trois tourelles, le tout d'argent, maçonné et ajouré aussi de sable, posée sur un rocher de sinople mouvant de la pointe.

---

1 : Fox-Amphoux, début XXème.
2 : Fox-Amphoux, début XXème.
3 : Fox-Amphoux, début XXème.

FRÉJUS

Les Fréjusiens.
Code postal : 83600 - 83370.
Chef-lieu de canton.
Superficie : 10227 ha.
Altitude : 0 à 616 m.
Population : 1800 : 2.229 h. 1896 : 3.510 h. 1931 : 9.676 h. 1982 : 31.662 h. 2010 : 51.839 h.

Autrefois : perchée sur un promontoire de grès, la colonie romaine Forum Iulii est mentionnée pour la première fois dans une correspondance de Cicéron en 43 avant notre ère.

Port militaire de Méditerranée, carrefour commercial, la colonie d'Auguste se développe sur une superficie de 50 hectares et se pare de monuments emblématiques (forum, théâtre, amphithéâtre, thermes, aqueduc...).

Au sortir de l'Empire, la cité devient l'un des premiers évêchés fondé en Gaule. Entre le IVème et le XVème , la ville se resserre autour de son quartier épiscopal (église cathédrale, baptistère, cloître).

De la période moderne, la ville conserve aujourd'hui une enceinte scandée de tours, des façades et portes ouvragées, des fontaines et des cours arborés.

A la fin du XIXème, le bourg agricole rejoint ses sœurs de la Côte d'Azur et se pare de villas de style balnéaire, telles la Villa Marie (Médiathèque), la Villa Aurélienne (lieu d'expositions) ou d'autres dans le quartier de Saint-Aygulf.

Quelques années plus tard, les camps militaires de la Force Noire s'installent sur le territoire et édifient des lieux symboles de leurs cultures (pagode Hong Hien, mosquée Missiri).

Rolland Garros s'élève en 1913 depuis la Base aéronavale pour le premier vol inter-continents jusqu'à Bizerte en Tunisie. La catastrophe du barrage de Malpasset le 2 décembre 1959 marque l'histoire de la ville. Fréjus renaît alors, se tourne résolument vers la mer et diversifie ses activités économiques, culturelles et touristiques.

Fréjus

720 La Provence Pittoresque - FRÉJUS - La Place du Marché

32. - FRÉJUS. - Entrée des Arènes

1 : Fréjus, début XXème.
2 : Fréjus, début XXème.

Aujourd'hui : ville d'Art et d'Histoire, Fréjus compte de nombreux sites protégés au titre des Monuments Historiques. Fréjus est aussi le site de la plus grande concentration, en France, de vestiges antiques, après Arles.

- Cathédrale Saint-Léonce et son cloître, et son baptistère du Vème siècle, utilisé au Moyen-Âge comme chapelle annexe. Il figure parmi les plus anciens monuments chrétiens de la Gaule.
- Eglise paroissiale Notre-Dame de l'Assomption, XIXème et XXème.
- Eglise Saint-Roch, Fréjus-Plage, terminée en 1964
- Chapelle Saint-François-de-Paule, XVème et XVIème, celle de l'ancien couvent des Minimes.
- Chapelle de Pénitents, XIXème.
- Chapelle Notre-Dame de Jérusalem (ou chapelle Cocteau), 1963.
- Chapelle Notre-Dame des Anges, XXème.
- Chapelle Sainte-Brigitte.
- Chapelle Saint-Antoine.
- Evêché, XIème et XVIIIème, dont les vestiges du Vème siècle ont été retrouvés, en grande partie détruit en 1825 et reconstruit.
- Ancien couvent des Dominicaines, XVIIème, dont il reste la chapelle.
- Un centre évangélique, une église biblique, une synagogue et une mosquée.
- Une pagode bouddhique, construite vers 1918.
- Amphithéâtre, construit à la fin du Ier siècle, l'un des plus grands de la Gaule.
- Muraille romaine percée de niches, IIème.
- Vestiges d'un théâtre romain.
- Restes d'un aqueduc qui conduisait les eaux de La Foux et celles de La Siagnole jusqu'au plus haut point de Fréjus.
- Vestiges des thermes, notamment une porte (dite Porte d'Orée) du IIIème siècle.
- Sites archéologiques du Reydissart, du Clos de la Tour.
- Porte des Gaules, porte ouest de la ville antique.
- Des colonnes antiques, trouvées dans le golfe de Saint-Tropez, sont installées à Fréjus depuis 1968.
- Ensemble colonial de chanoines, XIIème au XIVème, cloître.

---

1 : Fréjus, début XXème.
2 : Fréjus, début XXème.
3 : Fréjus, début XXème.

- Château Gallieni, XIXème et XXème.
- Vestiges des différentes fortifications, XIIIème, XVème et XVIème.
- Citadelle, dite Butte Saint-Antoine, Ier siècle.
- Lanterne d'Auguste, vestiges de l'ancien port romain.
- Maisons anciennes, dès le XVIIème, notamment une dite Hôtel Quatre-Saisons (XVIIème), la Maison Maria, la Villa Marie, la Villa Clythia, la Villa des Sable,…
- La Villa Aurélienne, construite en 1889, accueille aujourd'hui des manifestations culturelles. Elle est aussi utilisée par la municipalité pour accueillir des hôtes de marque.
- Fontaine des Cinq Continents, XIXème.
- Mémorial des Guerres en Indochine.
- Office de Tourisme.
- Musée archéologique municipal, exposition des fouilles. Il abrite l'Hermès bicéphale, buste devenu l'emblème de la ville de Fréjus.
- Musée d'histoire locale et des traditions, dans une vieille demeure bourgeoise.
- Musée des troupes de marine.

Industrie ou activités : Fréjus est aujourd'hui un pôle économique, culturel et touristique de l'Est-Var. De tout temps, elle a toujours figuré parmi les lieux d'attrait du département pour de nombreuses entreprises.

En 2009, l'INSEE classait l'agglomération comme troisième bassin d'emploi de la région PACA et faisait figurer ce territoire parmi les cinq zones d'emploi les plus dynamiques de France.

On compte à Fréjus huit zones économiques accueillant près de 500 entreprises et 4.500 emplois dans des activités et services complets.

Deux sites à vocation économique compléteront ces activités et ajouteront une centaine d'entreprises supplémentaires, ainsi que 800 emplois.

Le premier employeur de la commune est le Ministère de la Défense (troupes de la Marine), puis juste derrière le centre hospitalier avec 1.200 personnes.

1 : Fréjus, début XXème.
2 : Fréjus, début XXème.
3 : Fréjus, début XXème.

La Provence Pittoresque
475. FRÉJUS — Vue Générale prise de la Tourache

Personnages : - Emmanuel Joseph Sieyès, dit l'abbé Sieyès (Fréjus 1748 – Paris 1836). Homme d'Eglise, homme politique et essayiste français. Sa brochure de 1789, Qu'est-ce que le Tiers état ? est l'un des textes fondateurs de la Révolution française. Il propose la transformation de la Chambre du Tiers état en assemblée nationale, rédige le Serment du jeu de Paume et travaille à la rédaction de la Constitution de l'An I.
- Gaspard de Besse (Besse-sur-Issole 1747 – Aix-en-Provence 1781). Célèbre brigand provençal qui avait son repère à Fréjus.
- Napoléon Bonaparte séjourna à Fréjus en 1799 et 1814.
- Laura Fredducci (Fréjus 1812 - Paris 1885). Peintre française.
- Cornelius Gallus, poète romain et premier préfet d'Egypte, né à Fréjus.
- Julius Agricola (Fréjus 40 - Rome 93). Général de l'Empire romain, conquérant de la Grande-Bretagne.
- Marc-Antoine Desaugiers (Fréjus 1739 – Paris 1793). Compositeur français.
- Jean Cocteau (1889-1963). Poète, peintre, réalisateur. Séjourna à Fréjus dont il conçut la chapelle Notre-Dame-de-Jérusalem, dite *Chapelle Cocteau.*
- Carolus Duran (1837-1917), peintre. Fondateur de la station balnéaire de Saint-Aygulf, quartier de Fréjus.

Armoiries : de gueules à la croix d'argent, au chef cousu d'azur chargé de trois fleurs de lis d'or.

Cours d'eau : embouchure de l'Argens et du Reyran.

Jumelage : Dumbéa en Nouvelle-Calédonie, Fredericksburg aux Etats-Unis, Paola en Italie, Tabarka en Tunisie, Triberg en Allemagne.

Manifestations : la Bravade le 3ème dimanche après Pâques, la fête de la Saint-Pons (mai), le festival du Court-Métrage (janvier), le festival de théâtre des Nuits Auréliennes (juillet), le festival de théâtre du Off (juillet), les Nuits de Fréjus (concerts et spectacles en août), la fête du vin (juillet), l'omelette géante (septembre), etc.

Divers : visites guidées de la ville. Nombreuses structures sportives et culturelles. Parcs d'attractions. Centre de thalassothérapie. Station nautique. Nombreux espaces verts.

---

1 : Fréjus, début XXème.
2 : Fréjus, début XXème.

LA GARDE

Les Gardéens.
Code postal : 83130.
Chef-lieu de canton.
Superficie : 1554 ha.
Altitude : 0 à 206 m.
Population : 1800 : 2263 h. 1896 : 2398 h. 1936 : 3792 h. 1982 : 19.805 h. 2010 : 25.930 h.

Autrefois : découverte de vestiges antiques. Perché sur son rocher, le bourg a servi de poste de guet.

La construction du château des seigneurs de La Garde est antérieure au XIIème. Cité en 1056 sous le nom de Guarda, le château fut fief des évêques de Toulon au XIIIeme, des Castellanes au XVème, puis seigneurie des Glandevès et des Thomas.

Le château fort de Sainte-Marguerite fut construit au XIème par Pons de Fos, seigneur de La Garde. Aujourd'hui pratiquement disparu, il a subi les guerres et les pillages de l'Histoire.

La chapelle Saint-Maur, construite au XVIIème, à l'emplacement d'un oratoire dédié à ce saint, fut détruite en 1834 car elle menaçait de s'effondrer.

L'ancien hôpital du Saint-Esprit fut construit au milieu du XVIIème. Il abrita l'hôtel de ville et fut brûlé en 1707. Un autre hôpital, construit au même endroit, accueillit un bureau de bienfaisance et l'école jusqu'en 1839.

Le bourg grandissant, deux lignes de remparts furent édifiées. Les premières le furent au XIème, et étaient percées de deux portes. Les secondes fortifications, moins imposantes, étaient percées de sept portes.

Aujourd'hui : église de la Nativité de la Vierge, XVIIIème, restaurée. Le campanile date de l'an 2000. Elle renferme le buste reliquaire de saint Maur, en bois doré du XVIIIème.

Ancienne église Notre-Dame et lieu de sépulture des seigneurs de La Garde. Edifiée au XIIème, elle fut agrandie en 1480. Ravagée en 1493, elle fut restaurée de 1983 à 1989.

Chapelle de Sainte-Marguerite, XVIIème, restaurée en 1775. Elle fut le siège de la paroisse jusqu'en 1789.

---

1 : La Garde, début XXème.
2 : La Garde, début XXème.
3 : La Garde, début XXème.
4 : La Garde, début XXème.

844. — ENVIRONS DE TOULON. — La Garde et son vieux Château. A. Bougault.

J. Maurel, photo-éditeur. — Toulon.

148 LA GARDE (Var). — Avenue Sadi-Carnot. — Le Lavoir.

843 — LA GARDE - Une vieille rue

842 - LA GARDE - Entrée du Vieux Château Seigneurial (Epoque XVI· siècle)

Chapelle Saint-Charles Borromée, chapelle funéraire érigée de 1850 à 1852.

Ancienne chapelle Sainte-Agathe, mentionnée au XVIème, transformée en habitation.

Percé sur un piton rocheux d'origine volcanique, la Vieille Gade a gardé son caractère médiéval et provençal, avec ses ruelles, ses arcades, ses placettes et fontaines.

Château du Clos, ancienne propriété des seigneurs de La Garde, remanié à plusieurs reprises.

Oratoire Saint-Maur, fin XVIIème.

Tour de l'Horloge, construite en 1777, cadran 1856.

Une tour et quelques pans de murs, seuls vestiges de l'ancien château des seigneurs de La Garde. La tour, ayant servi de moulin à vent, a été préservée.

Le site de l'ancien château fort de Sainte-Marguerite est aujourd'hui occupé par un fort militaire.

Château de Passis, ancien hôtel seigneurial du début du XVIIème.

Porte Ouest, ou Porte du Couchant, vestige des premières fortifications.

Ancien moulin à vent seigneurial.

Fontaine dite « La Pompe », 1834, la fontaine publique, XIXème.

Un lavoir public, 1949.

Plusieurs pigeonniers, dont le colombier seigneurial, qui existait déjà au XVIème.

Puits d'Hyères, XVIème, complété par un lavoir en 1894.

Maison du Tourisme.

Musée Jean Aicard Paulin Bertrand, ou villa des Lauriers Roses, dans une demeure du XIXème chargée d'histoire. Exposition d'objets ayant appartenu à plusieurs personnalités, Jean Aicard, poète académicien, Paulin Betrand, sculpteur et peintre, Clément Massier, céramiste... Tous ont eu un point de rattachement à La Garde.

Industrie ou activités : ville située en zone urbaine de Toulon. Plusieurs centres commerciaux et zones industrielles. La commune possède aussi sur son territoire, l'Université de Toulon-Var. Station balnéaire de Sainte-Marguerite. Une cave vinicole. Plusieurs marchés hebdomadaires. Gîtes, hôtels et chambres d'hôtes.

---

1 : La Garde, début XXème.
2 : La Garde, début XXème.
3 : La Garde, début XXème.

Personnage : Jean Aicard (Toulon 1848 – Paris 1921). Poète, il est élu à l'Académie Française en 1909. En 1915, il hérite de la villa des Lauriers Roses à La Garde. Il y reçoit de nombreux amis et artistes.
Cours d'eau : l'Eygoutier.
Jumelage : avec Montesarchio en Italie et Spa en Belgique.
Manifestations : traditionnelle foire aux plants en avril. Fête du Thouars, marche et pique-nique, le lundi de Pâques. Les Nocturnes Médiévales. Foire AOB (Ail, Oignon et Boudin), le dernier dimanche d'août. Marché aux puces le premier dimanche de chaque mois.
Divers : sentiers de randonnée, notamment au cœur du Thouars, massif forestier au cœur de ville. Ville au bord de la Méditerranée. Ville fleurie, trois fleurs.

La Garde Freinet - L'Esplanade

11 LA GARDE-FREINET (Var). L'Eglise, les Cloches

LA GARDE-FREINET

Les Gardois.
Code postal : 83680.
Canton de Grimaud.
Superficie : 7664 ha.
Altitude : 60 à 674 m.
Population : 1800 : 1505 h. 1896 : 1872 h. 1936 : 1132 h. 1982 : 1402 h. 1999 : 1619 h.
Autrefois : Le Fort-Freinet est un village fortifié daté de la fin du XIIème, délaissé dès le XIVème au profit du col de La Garde, où s'est développé le village actuel. L'ancien village finit par être rasé en 1589, pendant les guerres de religion.
La mémoire a gardé le nom de Fort-Freinet, mais il est trompeur et renvoie à une fonction qu'il a pu avoir après son abandon par ses habitants, car il s'agit à l'origine d'un village fortifié connu sous le nom de castrum de « Gardia ».
Le site perché sur l'éperon rocheux a été choisi pour ses défenses naturelles et pour sa position dominante. Pour renforcer sa protection, un fossé a été taillé dans la roche. Le Fort-Freinet contrôlait la route d'accès au golfe de Saint-Tropez, alors appelé « Le Freinet », dont la végétation de Frênes devait caractériser la plaine de Grimaud et alentour.

J. Maurel, photo-éditeur. Toulon.
386 LA GARDE-FREINET (Var) -- Grande rue.

1 : La Garde-Freinet, début XXème.
2 : La Garde-Freinet, début XXème.
3 : La Garde-Freinet, début XXème.

Les fouilles archéologiques espéraient trouver ce que la tradition rapportait : les ruines d'une forteresse sarrasine, d'où les Musulmans d'Espagne lançaient leurs raids en Provence et au-delà entre la fin du IXème et la fin du Xème, mais ce sont finalement les vestiges d'une communauté villageoise médiévale que les chercheurs mirent au jour comptant une trentaine de maisons. Les habitants sont restés un peu plus d'une centaine d'années à partir de la fin du XIIème, avant de descendre pour fonder l'actuel village de La Garde-Freinet.

Sous l'Ancien Régime, les principales ressources de la communes proviennent de l'agriculture, de l'exploitation forestière (liège, bois, châtaignes) et de l'élevage en particulier des chèvres et des abeilles.

Au XIXème, l'essor de la fabrication des bouchons, de l'élevage des vers à soie et la vente des châtaignes font de La Garde-Freinet un village prospère qui voit sa population presque doubler au cours du siècle.

Aujourd'hui : église Saint-Clément, reconstruite entre 1782 et 1787, sur l'emplacement d'un édifice devenu trop petit, peut-être d'origine médiévale.

Chapelle Notre-Dame de Miremer.

Chapelle Saint-Clément, roman, décorée par un sculpteur en 1967.

Chapelle Saint-Eloi, fin XVème.

Chapelle Saint-Jean, XVIIème.

Tour de l'horloge, 1785.

Fort-Freinet, site archéologique médiéval.

Moulin de Blanche, moulin à eau du XIXème.

Conservatoire du patrimoine et des traditions du Freinet, la vie quotidienne des habitants de la Préhistoire au Moyen-Âge.

Jardins de Miremer, verger conservatoire de figuiers.

Office de tourisme.

Industrie ou activités : commerces et services. Gîtes et chambres d'hôtes. Plusieurs galeries d'art.

Armoiries : d'or à la bande de gueules, accompagnée en chef d'un arbre arraché de sinople et en pointe d'une tour au naturel sur une montagne de sable.

---

1 à 3 : La Garde-Freinet, début XXème.

Manifestations : fête de la transhumance au printemps. Foire aux santons en décembre. Expositions artistiques à la chapelle Saint-Jean. Bravade en mai. Fête de la châtaigne fin octobre.
Divers : panorama et table d'orientation depuis la Croix des Maures. Commune située en plain cœur du Massif des Maures. Sentiers de randonnée.

GARÉOULT

Les Garéoultais.
Code postal : 83136.
Canton de La Roquebrussanne.
Superficie : 1575 ha.
Altitude : 295 à 659 m.
Population : 1982 : 1849 h. 1999 : 4882 h.
Autrefois : les premiers habitants sont connus à l'époque gallo-romaine. Le bourg s'appelle alors Gardia Altissima.
En 1988, le coup de pioche d'un jardinier mit à jour un ensemble de 90 sarcophages gallo-romains.
Aujourd'hui : église Saint-Etienne, édifiée au XIème, en partie reconstruite en 1848 avec les pierres d'origine.
Chapelle Saint-Félix.
La nécropole Louis Cauvin est un musée situé à l'intérieur de l'Hôtel de ville. Il renferme le mobilier gallo-romain qui fut découvert.
Huit fontaines dans le village.
Trois lavoirs.
Un four banal fonctionne encore deux fois par an, à l'occasion de la Saint-Jean et de Noël.
Service tourisme municipal.
Industrie ou activités : gîtes et chambres d'hôtes. Tous commerces et services. Viticulture, une coopérative vinicole et plusieurs domaines. Producteurs locaux, fromages, huile d'olive... Marché provençal le mardi matin. Marché des producteurs le samedi matin.
Armoiries : une porte d'argent à plante de sinople.
Cours d'eau : l'Issole. Sources de Saint-Médard, de Saint-Martin et de Clastre.
Manifestation : début août, fête de la Saint-Etienne.
Divers : sentiers de randonnée.

1 : La Garde-Freinet, début XXème.
2 : Garéoult, début XXème.
3 : Garéoult, début XXème.

GASSIN

Les Gassinois.
Code postal : 83580.
Canton de Saint-Tropez.
Superficie : 2474 ha.
Altitude : 0 à 324 m.
Population : 1800 : 422 h. 1896 : 899 h. 1936 : 567 h. 1982 : 2017 h. 1999 : 2710 h. 2013 : 2940 h.

Autrefois : les premières traces écrites du bourg, sous le nom de Garcin, apparaissent au XIIIème.
Le bourg castral de Bourrian (castrum Borriani), mentionné dès le XIème, a disparu.
Gassin fut un fief de l'abbaye Saint-Victor de Marseille.

Aujourd'hui : église Notre-Dame de l'Assomption, 1558.
Situé sur un promontoire rocheux, avec vue sur mer et sur les vignobles, le village a gardé son côté pittoresque avec ses ruelles tortueuses et fleuries, ses maisons colorées.
Chapelle Notre-Dame de Consolation, origine romane.
Oratoire Saint-Joseph.
Château de Château-Bertaud, XVIème et XIXème.
La mairie est installée dans des bâtiments de 1584.
Vestiges d'une tour médiévale, aussi utilisée comme citerne au XIXème.
Terrasse fortifiée qui marque la délimitation des anciens remparts.
Quelques maisons anciennes.
Plusieurs portes sont datées des XVème au XVIIème. L'une d'entre elles porte même la date de 1422.

Industrie ou activités : viticulture. Activités liées au tourisme, hôtels, campings, gîtes... Tous commerces et services.

Personnage : de nombreuses personnalités ont séjourné ou habité à Gassin, notamment Pierre Brasseur, Brigitte Bardot, Richard Anthony, Eddy Mitchell, Jean-Michel Jarre...

Armoiries : d'azur à un château donjonné de trois tours d'argent, maçonné de sable.

Cours d'eau : le Bélieu et son affluent le Bourrian.

Manifestations : tournois de polo, expositions de peintures, concerts, théâtre, fête patronale de la Saint-Laurent, messe provençale, aïoli et anchoïade...

---

1 : Gassin, début XXème.
2 : Gassin, début XXème.
3 : Gassin, début XXème.

Divers : village labellisé un des plus « beaux villages de France ». Sentiers de randonnée, sports nautiques, golf... Une table d'orientation et panorama sur le golfe de Saint-Tropez. Une école de voile. Parc d'attractions.

GINASSERVIS

Les Ginasservois.
Code postal : 83560.
Canton de Rians .
Superficie : 3747 ha.
Altitude : 312 à 490 m.
Population : 1800 : 782 h. 1896 : 661 h. 1936 : 404 h. 1982 : 779 h. 2006 : 1382 h.

Autrefois : site occupé à l'époque gauloise (oppidum au sommet de Montmajor). Puis les Romains y établissent des domaines, notamment à Saint-Antoine et à La Foux.

Vers 970, les moines de l'abbaye Saint-Victor de Marseille fondent un prieuré à La Foux.

Au Xème, le village possède déjà un site fortifié et un seigneur.

Vers 1240, le territoire revient à l'Ordre des Chevaliers Hospitaliers d'Aix. Jusqu'en 1792, cet ordre restera le seigneur du lieu, et construit ici un important château fort où résidera souvent le Commandeur. Plusieurs fois délabré, le château fut reconstruit une dernière fois au XVIIème, devenu une simple résidence seigneuriale, puis démoli à la Révolution.

Les Hospitaliers bâtirent aussi une enceinte fortifiée à Saint-Antoine dans un domaine de plusieurs centaines d'hectares.

Aujourd'hui : église Saint-Laurent, origine romane, remaniée aux XVIIème et XIXème.
Chapelle des Pénitents, XIVème.
Chapelle Saint-Damase, origine XIIème, restaurée et remaniée.
Autour de la butte du château, vieilles rues et maisons.
Ruines du château féodal et des remparts.
Fontaine du Plan, 1765.
Nombreuses cabanes en pierre sèche.

---

1 : Ginasservis, début XXème.
2 : Ginasservis, début XXème.
3 : Ginasservis, début XXème.
4 : Ginasservis, début XXème.

Industrie ou activités : commerces et services de proximité. Deux hôtels-restaurants, tables d'hôtes et chambres. Un camping ouvert toute l'année.
Armoiries : de gueules à une croix de Malte d'argent bordée d'or.
Manifestations : brocante en juillet. Fête votive le dernier week-end d'août. Randonnée VTT. Cavalcade de Saint-Eloi. Chaque année, départ de la transhumance.
Divers : point de départ de nombreuses randonnées et promenades. Un centre équestre. Parcours VTT. En 1999, la commune a servi de théâtre au tournage du film *Les 4 saisons d'Espigoule*, film culte provençal. Commune du Parc Régional du Verdon. Ferme pédagogique.

GONFARON

Les Gonfaronnais.
Code postal : 83590.
Canton de Besse-sur-Issole.
Superficie : 4042 ha.
Altitude : 98 à 766 m.
Population : 1800 : 1295 h. 1896 : 2524 h. 1936 : 2035 h. 1982 :2277 h. 2012 : 4159 h.
Autrefois : découverte de vestiges préhistoriques, d'un oppidum ligure, puis de l'époque de la conquête romaine.
Le castrum de Gonfaron est mentionné au Xème, la première église au XIIème, une nouvelle église au XIVème (abandonnée en 1865), et encore une nouvelle au XIXème. Une muraille est édifiée au XVème.
Au Moyen-Âge, le village appartenait à la seigneurie de Pignans, et le haut de Gonfaron était un village fortifié ou castrum.
L'activité principale de la commune fut longtemps une industrie basée sur le liège, matière première issue des chênes qui couvrent le Massif des Maures.

---

1 : Gonfaron, début XXème.
2 : Gonfaron, début XXème.
3 : Gonfaron, début XXème.

Aujourd'hui : église Notre-Dame de l'Immaculée-Conception, XIXème.
Le bourg se compose de deux parties, le « village » bâti sur la colline et composé de petites ruelles, d'escaliers, de porches et de maisons englobées dans l'ancien mur d'enceinte ; et la partie basse où se trouvent les commerces.
Chapelle Saint-Quinis, origine XVIIème, reconstruite en 1849.
Beffroi, milieu XIXème.
Anciens moulins à huile.
Seize fontaines existent à Gonfaron, dont une à l'emplacement de la porte du castrum.
Une croix monumentale, 1856.
Ecomusée.
Industrie ou activités : tous commerces et services.
Armoiries : de gueules à la hure de sanglier en chef et au renard en pointe, le tout au naturel.
Cours d'eau : l'Aille.
Divers : équipements sportifs et culturels variés. Village des tortues, et notamment de la célèbre tortue d'Hermann, animal emblématique de la Provence.

GRIMAUD

Les Grimaudois.
Code postal : 83310.
Chef-lieu de canton.
Superficie : 4458 ha.
Altitude : 0 à 503 m.
Population : 1982 : 2910 h. 1999 : 3780 h.
Autrefois : le site, situé sur un piton rocheux, connut une occupation défensive précoce. Jusqu'au XVIIème, le château de Grimaud commandait le Golfe qui s'est d'ailleurs appelé Golfe de Grimaud jusqu'à la fin du XIXème.
Au XIXème, l'économie du bourg se développe autour des bouchonneries de liège, la vigne, les oliviers et la sériculture.

---

1 : Gonfaron, début XXème.
2 : Grimaud, début XXème.
3 : Grimaud, début XXème.

Aujourd'hui : église Saint-Michel, origine XIIème et XIIIème.
Village médiéval situé au bord de la Méditerranée, et sa cité lacustre de Port Grimaud. Le bourg a gardé son caractère médiéval, avec ses ruelles pavées, ses demeures aux fenêtres à meneaux, ses vieilles maisons…
Chapelle des Pénitents, XVème.
Chapelle Notre-Dame de la Queste, XIème, XVIIème.
Chapelle Saint-Roch, XVIIIème.
Moulin à vent, XVIIème, restauré.
Imposantes ruines du château féodal.
Port Grimaud, cité lacustre créée en 1966 par l'architecte François Spoerry, un des endroits les plus touristiques de France, avec ses 12 Km de quais bordés de jardins, de places, de maisons de pêcheurs…
Office de tourisme.

Industrie ou activités : tous types de commerces et de services. Gîtes, campings, chambres d'hôtes, hôtels…

Cours d'eau : la Giscle. La Garde.

Armoiries : de gueules au château d'or maçonné, ouvert et ajouré de sable.

Manifestation : les Grimaldines, soirées musicales.

Divers : golf de Beauvallon. Equitation, sports nautiques, randonnées…

---

1 : Grimaud, début XXème.
2 : Grimaud, début XXème.
3 : Grimaud, début XXème.
4 : Grimaud, début XXème.

HYÈRES

Les Hyérois.

La ville est aussi surnommée Hyères les Palmiers, en raison de la présence de très nombreux palmiers.

Code postal : 83400.

Chef-lieu de canton.

Superficie : 13238 ha. Une des communes les plus étendues de France.

Altitude : 0 à 364 m.

Population : 1800 : 6.528 h. 1896 : 17.708 h. 1936 : 26.378 h. 1982 : 38.999 h. 2013 : 55.906 h.

Autrefois : au IVème siècle avant Jésus-Christ, des marins grecs venant de Massalia fondent sur le littoral, au lieu-dit L'Almanarre, un comptoir commercial et maritime fortifié auquel ils donnent le nom d'Olbia. De nombreux vestiges grecs et romains ont été mis à jour, des thermes, des sanctuaires, des habitations…

Le nom d'Hyères apparaît pour la première fois en 963.

En 1254, Saint-Louis, Roi de France, au retour d'une croisade, débarque à Hyères avec sa suite.

La commanderie Saint-Blaise fut édifiée au XIIème, hors des murs de la ville. Les bâtiments servirent de halle et d'hôtel de ville. Seule subsiste la chapelle.

La chapelle Notre-Dame du Piol faisait partie du prieuré du même nom.

Dès le début du XVIIIème, le climat tempéré de la région est reconnu. Au XIXème, la ville prend des airs plus aristocratiques. Des villas prestigieuses sont alors édifiées pour y accueillir des hôtes de renommée, entre autres, la reine Victoria, Lamartine, Tolstoï, Godillot… La vie culturelle y est active et la ville attire de grands noms.

La cité est classée station climatique et hydrominérale en 1913, puis station balnéaire.

Après la Seconde Guerre mondiale, la ville continue son développement, avec la création du port et de l'aéroport, puis de l'hôpital, du vélodrome…

Jusqu'en 1994, l'exploitation du sel constituait une activité importante.

1 : Hyères, début XXème.
2 : Hyères, début XXème.
3 : Hyères, début XXème.

Les îles d'Or.

Ainsi nommées depuis la Renaissance, les trois îles de Porquerolles, Port-Cros et Le Levant forment les « îles d'Or ».

Dès la Préhistoire, cet archipel a été habité par les Celtes. Dès l'Antiquité, il offrait aux navigateurs, un abri contre le mauvais temps. Les Grecs et les Romains y ont laissé leurs traces.

Dès le Moyen-Âge, les îles de Port-Cros et de Porquerolles furent soumis aux pirates et pillages. C'est pour protéger l'île, qu'ont été construits plusieurs forts, transformant ces îles en véritables casernes militaires.

A Porquerolles, furent construits les forts du Petit et du Grand Langoustier, de l'Alycastre, de Sainte-Agathe et la Repentance. A Port-Cros, les forts du Moulin, de l'Estissac, de l'Eminence, de la Vigie et de Port Man. Ces constructions témoignent d'un passé tumultueux.

Au début du XIXème, les îles accueillent des usines polluantes, dont on ne veut pas en ville. Ce n'est qu'à partir des années 1920 que le tourisme se développe sur les îles.

Le village de Porquerolles a été créé vers 1840 pour les anciens soldats. Un refuge sanitaire, qui accueille les soldats de retour des guerres coloniales et atteints de choléra, abrite aujourd'hui un centre de vacances des armées. Dans les années 1920, des hôtels sont construits pour accueillir une clientèle fortunée. Aujourd'hui, le village compte environ 350 habitants.

Aujourd'hui, les îles sont un atout touristique incontournable pour la ville.

Aujourd'hui : ponctuée de belles villas et d'avenues bordées de palmiers, la ville témoigne encore de son passé prestigieux.

Plusieurs îles ajoutent des avantages à la ville, par les îles d'Or (Porquerolles, Port Cros, et Le Levant), mais aussi plusieurs îlots.

Collégiale Saint-Paul, quelques éléments du XIIème, reconstruite au XVIème. Eglise érigée en collégiale en 1572.

Chapelle Saint-Blaise, dite tour des Templiers, origine XIIIème, modifiée au XIXème. Seul vestige de l'ancienne commanderie,

---

1 : Hyères, début XXème.
2 : Hyères, début XXème.
3 : Hyères, début XXème.

aujourd'hui un lieu d'expositions.
Eglise Saint-Louis, ancienne église du couvent des Cordeliers, origine XIIIème, restaurée au XIXème.
Eglise paroissiale Sainte-Douceline, 1970.
Eglise Saint-Pierre, XIXème.
Eglise Sainte-Madeleine, 1913.
Eglise Saint-Nicolas, au lieu-dit Les Salins.
Eglise Saint-Ididore, au lieu-dit La Bastidette, 1879.
Chapelle Notre-Dame du Piol, XIIIème.
Chapelle Saint-Lambert, 1957.
Chapelle des filles de la Charité, XIXème, intégrée dans une maison de retraite.
Chapelle Saint-Tropez, sur l'île de Port-Cros, 1866.
Une chapelle sur l'île du Levant, 1952.
Vestiges de la chapelle Saint-Jean.
Un temple protestant Saint-Andrew, 1926.
Des églises anglicanes marquent l'empreinte britannique dans la ville, notamment liée avec le séjour de plusieurs personnalités britanniques, entre autres, la reine Victoria en 1892.
Fortifications d'agglomération de la ville haute, XIIIème et XIVème, en partie restaurée au XIXème.
Porte Saint-Paul, XIIème et XVIIIème.
Porte de la Rade ou Porte Massillon, XIIème et XIIIème.
Porte de Fenouillet, XIIème et XIIIème.
Porte de Baruc, XIème et XIIème.
A Port-Cros, fort de la Vigie (XIXème), fort de Port Man (XVIIème et XIXème), fort de l'Estissac (XVIIème), fort du Moulin (aussi dit château de Port-Cros, XIXème), et le fort de l'Eminence.
Fort du Grand Langoustier sur l'île de Porquerolles, XVIIème et XIXème.
L'île de Port-Cros est la plus montagneuse et la plus sauvage de l'archipel.
Fort de l'Eminence, sur l'île de Porquerolles, XIXème, la partie du XVIIème ayant été détruite.
Phare de Porquerolles, 1823.
Site archéologique d'Olbia, ancien comptoir de la cité de Marseille, avec des vestiges grecs, romains et médiévaux.
Nombreuses maisons de villégiature, villas orientales et hôtels particuliers, XVIIIème au XXème.

4 HYÈRES — Presqu'île de Giens. — Place de l'Église. — LL.

36. - GIENS. - Le Pont des Pesquiers

17 - Porquerolles - L'Eglise et le Château Ste.-Agathe

1 : Hyères, début XXème.
2 : Hyères, début XXème.
3 : Hyères, début XXème.

Villa de Noailles, construite en 1923 par Charles de Noailles, aujourd'hui un centre d'art.
Maisons anciennes, dès le XVème.
Place Massillon, halle construite en 1883, et statue de Massillon.
La presqu'île de Giens est rattachée au continent par deux cordons d'alluvions.
Anciens salins d'Hyères.
Nombreuses fontaines, édifiées depuis le XIXème.
Musée municipal.
Office de tourisme.

Industrie ou activités : Hyères s'impose comme un pôle de développement majeur dans la région, tant dans les domaines économiques que culturels et touristiques. Viticulture. Hyères compte 150 commerces et services. La capacité d'accueil comprend plus de 5000 lits. Plusieurs zones d'activités économiques et plusieurs marchés hebdomadaires. Important centre horticole. Les pépinières de Hyères font de la ville le premier exportateur européen de palmiers.

Personnages : - Jean-Baptiste Massillon (Hyères 1663 – Beauregard-l'Evêque 1742). Homme d'église français, évêque de Clermont en Auvergne.
- De nombreuses personnalités ont séjourné à Hyères, attirées par le climat tempéré de la ville. Parmi elles, le futur roi d'Angleterre Georges IV, en 1788 et 1789. Le prince Charles de Hohenzollerne et la reine Marie-Christine d'Espagne y séjournent. En 1883, Robert Louis Stevenson y séjourne deux ans. Des écrivains viennent y puiser leur inspiration, Jules Michelet, Léon Tolstoï, le compositeur Ambroise Thomas, l'horticulteur Charles Huber, le manufacturier Alexis Godillot...

Armoiries : d'azur à la tour d'argent maçonnée de sable, ouverte et ajourée du champ, crènelée de quatre pièces, sommée de trois tourelles crènelées chacune de quatre pièces du même, et accompagnée en pointe de trois besants d'or deux et un.

Cours d'eau : le Gapeau.

Jumelage : avec Rottweil en Allemagne.

---

1 : Hyères, début XXème.
2 : Hyères, début XXème.
3 : Hyères, début XXème.
4 : Hyères, début XXème.
5 : Hyères, début XXème.

Manifestations : festival international de mode et de photographie. Le Hyères Jazz festival. Festival de la chanson française. Corso fleuri. Semaine olympique française de voile. Festival de l'anche.

Divers : Hyères possède plus de 20 Km de plages. La ville possède également un patrimoine naturel exceptionnel, avec 4000 hectares de collines boisées, 114 Km de côtes, un Conservatoire botanique national à Porquerolles, un Parc National à Port Cros, des milieux marins d'une rare beauté... La ville possède plusieurs parcs et jardins, dont certains sont plantés d'essences exotiques. D'un point de vue touristique, Hyères s'impose : des paysages exceptionnels conjugués à des fonds sous-marins d'une grande richesse, des falaises vertigineuses et des criques sauvages, une campagne verte et florissante... Observatoire astronomique du Pic des Fées.

LE LAVANDOU

Les Lavandourains.
Code postal : 83980.
Canton de Collobrières.
Superficie : 3200 ha.
Altitude : 0 à 485 m.
Population : 1921 : 1338 h. 1982 : 4269 h. 2009 : 6002 h.

Autrefois : à l'origine, Le Lavandou est un village de pêcheurs, dépendant de la commune de Bornes.
Le Lavandou, détaché de la commune de Bornes, devient indépendante en 1913. Dès 1922, la commune s'inscrit dans un programme de développement urbain et d'aménagement de la côte d'Azur.
Le port fut construit en 1880.
En 1736, le hameau, appelé Lavandour, ne comptait qu'une dizaine de maisons de pêcheurs. Peu à peu, la commune est devenue une station balnéaire renommée.

Aujourd'hui : ville située en face des îles d'Or (Porquerolles, Port Cros et île du Levant) et au pied du Massif des Maures.
Eglise Saint-Louis, milieu XIXème.
Chapelle Notre-Dame de l'Annonciation, 1908.
Une chapelle dans la rue de la Chapelle.

1 : Le Lavandou, début XXème.
2 : Le Lavandou, début XXème.
3 : Le Lavandou, début XXème.

Chapelle Saint-Clair, construite une première fois en 1668, puis reconstruite en 1996.

Nombreuses maisons et villas de villégiature construites au XXème.

Treize fontaines.

L'office de tourisme est installé dans l'ancienne villa Louise ou le « Château ».

Sur le territoire de la commune, résidence d'été de l'ancien président de la république Nicolas Sarkozy.

Industrie ou activités : station balnéaire, activités liées au tourisme. Nombreux commerces et hébergements touristiques. Plusieurs marchés hebdomadaires. Un important port de plaisance.

Personnages : de nombreux artistes sont venus s'inspirer au Lavandou. Entre autres, les écrivains François Rabelais, Joseph Kessel, Jean Cocteau, Maurice Barres, les peintres Maurice Utrillo, Charles Cazin, Nicolas de Stael, la comédienne Jeanne Sourza, le compositeur Ernest Reyer…

Armoiries : parti, au premier de gueules au lion d'or lampassé et vilené de gueules, surmonté d'une couronne d'or, accompagné en chef et en pointe d'une burelle ondée d'azur; au deuxième d'azur à trois dauphins d'or posés en pal. L'écu est timbré d'une couronne murale de gueules et d'or, maçonnée de sable.

Jumelage : avec Kronberg im Taunus en Allemagne.

Manifestations : fête du Romérage, procession auprès de la chapelle Saint-Clair. Corso fleuri. Fête de la Saint-Pierre.

Divers : commune constituée de 12 Km de littoral, avec plusieurs plages et criques, elle est réputée pour sa nature sauvage et ses fonds marins qui attirent les amateurs de plongée pour leur richesse. Présence de dauphins. Plusieurs jardins. Sports nautiques, pêche sportive…

1 : Le Lavandou, début XXème.
2 : Le Lavandou, début XXème.
3 : Le Lavandou, début XXème.

LA LONDE-LES-MAURES

Les Londais.
Code postal : 83250.
Canton de La Crau.
Superficie : 7929 ha.
Altitude : 0 à 601 m.
Population : 1901 : 3219 h. 1954 : 3091 h. 1982 : 5184 h. 2010 : 9870 h.

Autrefois : présence préhistorique, comme l'atteste la présence d'un dolmen.
Le bourg castral de « Bormeta » est mentionné dans deux chartes du XIème. Son territoire, annexé à celui d'Hyères, en fut détaché en 1901 pour créer la commune de la Londe.
Exploitation de mines de plomb, de zinc, de cuivre et d'antimoine, de 1885 à 1929.

Aujourd'hui : ville située au bord de la Méditerranée, face aux îles d'Or et adossée au Massif des Maures.
Eglise de la Nativité, construite en 1847.
Dolmen de Gauttobry.
Château Horace Vernet, milieu XIXème.
Un pigeonnier, début XXème.
Office de tourisme.
Musée des automates vignerons.
Ancienne cité ouvrière des Bormettes, construite dans les années 1913/1920.

Industrie ou activités : territoire recouvert aux deux-tiers de vignes, d'oliviers et de forêts. Activités liées au tourisme. Un port de plaisance (Miramar). Tous types de commerces et de services. Marché le dimanche matin. Hôtels, campings, gîtes et chambres d'hôtes. Production de vin (nombreux domaines viticoles), d'huile d'olive et de chênes liège.

Armoiries : de gueules au croissant contourné d'or senestré d'une étoile du même, au chef cousu d'azur chargé de trois croisettes d'argent.

Divers : activités nautiques. Un sentier sous-marin, ponctué de bouées numérotées et de panneaux immergés présentant l'écosystème. Plongée sous-marine. Plages. Sentiers de randonnée. Parcours VTT. Un jardin zoologique tropical.

1 : La Londe, début XXème.
2 : La Londe, début XXème.
3 : La Londe, début XXème.

LORGUES

Les Lorguais.
Code postal : 83510.
Chef-lieu de canton.
Superficie : 6437 ha.
Altitude : 70 à 343 m.
Population : 1800 : 4923 h. 1896 : 3196 h. 1936 : 2679 h. 1982 : 5196 h. 2010 : 8976 h.

Autrefois : occupation dès l'époque préhistorique, comme l'atteste la présence de dolmens.

Territoire ensuite colonisé par les Romains.

Le nom de Lonicus apparaît en 986.

L'église Saint-Martin fut élevée au rang de collégiale en 1424, par l'évêque de Fréjus. En 1703, est pris la décision de construire une nouvelle église.

Le bourg médiéval fut entouré de fortifications au XIVème. Les maisons se construisent hors des murs dès le XVème, puis des établissements religieux se multiplient au XVIIème. Les fossés sont comblés à partir de 1610. Une nouvelle église est construite au début du XVIIIème.

Au Moyen-Âge Lorgues fait partie du comté de Provence, et ne dépend d'aucun seigneur. Des consuls locaux se chargent de son administration, et la commune jouit alors de franchises et de privilèges.

Une viguerie est mise en place au XIVème, et de nombreux établissements religieux sont édifiés.

Au XVème, la Provence est rattachée au royaume de France.

Au XVIIIème, un nouveau tribunal est construit, le siège épiscopal y est installé et la première pierre de l'actuelle collégiale Saint-Martin est posée en 1704.

Jusqu'à la fin du XIXème, l'activité industrielle alimentaire est bien présente, à travers la présence de moulins à farine, fours à pain, pressoirs à vin…

Aujourd'hui : église-collégiale Saint-Martin, consacrée en 1788, travaux d'aménagement tout au long du XIXème.

Chapelle Saint-François, XVIIème et XIXème.

Chapelle Notre-Dame de Benva, XVème.

Chapelle Notre-Dame de Florièye.

Ancien couvent des Ursulines, XVIème et XVIIème.

---

1 : Lorgues, début XXème.
2 : Lorgues, début XXème.
3 : Lorgues, début XXème.
4 : Lorgues, début XXème.

Presbytère, XVIIIème, dans un ancien hôtel particulier.
Beffroi, aménagé au XVIIème dans une des tours de fortification médiévale. L'horloge est installée en 1619.
Vestiges de l'enceinte fortifiée.
Bains Maures, des VIIIème et IXème.
Parc du château Sainte-Foy.
Maisons et hôtels anciens, dès le XVIIème, certains avec des éléments plus anciens.
Palais de justice, XVIIIème et XIXème.
Plusieurs moulins à huile, transformés ou réhabilités.
Plusieurs fontaines et lavoirs, dont la fontaine de la Bourgade, la Font Basse et la fontaine de la Noix.
Dolmen de Peycervier.
Canal de Sainte-Croix, édifié entre 1843 et 1846, chargé d'amener l'eau de l'Argens à Lorgues.
Musée pictural architectural Rob Jullien, installé dans un ancien moulin à huile.
Office de tourisme.
Industrie ou activités : tous commerces et artisanat. Gîtes et chambres d'hôtes. Un moulin à huile. Activités liées au tourisme. Plusieurs domaines viticoles. Production de miel et de truffes. Marché le mardi matin.
Armoiries : de gueules, à un lion d'or et un chien d'argent affrontés, supportant de leurs pattes de devant une fleur de lis d'or ; et un chef cousu d'azur, chargé de trois fleurs de lis d'or.
Cours d'eau : l'Argens. La Florieye.
Divers : sentiers de randonnée. Parcours VTT.

1 : Lorgues, début XXème.
2 : Lorgues, début XXème.
3 : Lorgues, début XXème.

LE LUC

Les Lucois.
Code postal : 83340.
Chef-lieu de canton.
Superficie : 4416 ha.
Altitude : 79 à 400 m.
Population : 1800 : 2766 h. 1896 : 2746 h. 1931 : 2632 h. 1982 : 6049 h. 2009 : 9379 h.

Autrefois : occupation du site à l'époque préhistorique, comme l'atteste la présence du dolmen des Muraires. Des oppida sont également attestés, à l'époque de l'arrivée des Celto-Ligures, avant de laisser place à des exploitations agricoles romaines.

Plusieurs lignes de fortifications ont été construites, afin de protéger les habitants des invasions.

Une forteresse appartenant aux comtes de Provence est mentionnée au XIIème.

Le prieuré Saint-Pierre est édifié hors des murs au XIIème.

Un couvent de Trinitaires existait au XVIIème, couvent détruit à la Révolution, et la chapelle vers 1971.

Le couvent de Carmes fut commencé en 1360, modifié au fil des siècles, notamment par la construction d'une nouvelle église au début du XVIème pour remplacer la chapelle. Le couvent est fortifié au XVIème.

Le château des Vintimille fut érigé au début du XVIIème, celui du Castellas ayant subi les guerres de religion.

Au XVIIème, les protestants pratiquaient librement leur culte.

Aux XVIIIème et XIXème, l'économie tournait autour de la présence de moulins à huile, de tanneries, de filatures et de magnaneries.

Aujourd'hui : église paroissiale Notre-Dame du Mont-Carmel, ancienne chapelle du couvent du Mont Carmel édifiée au début du XVIème.

La tour hexagonale, XVIème, servit de clocher à l'église Notre-Dame de Nazareth, qui fut probablement édifiée au XIIIème. L'église a été désaffectée en 1791 et en partie détruite au XIXème.

Ancien prieuré Saint-Pierre, transformé en salle d'expositions.

Chapelle Saint-Antoine, 1800.

Oratoire Sainte-Brigitte, début XVIème.

Vestiges des anciennes fortifications.

---

1 : Le Luc, début XXème.
2 : Le Luc, début XXème.
3 : Le Luc, début XXème.

Dolmen des Muraires.
Château des Vintimille, XVIIème au XIXème.
Un hôtel de ville est déjà mentionné au XIVème.
Tour de l'Horloge, dans le quartier du Castellas, érigée à l'emplacement de la porte à herse de la ville du Moyen-Âge. Le campanile date du XVIIème.
Maisons anciennes.
Plusieurs fontaines et lavoirs.
Office de tourisme.
Musée régional du timbre.
Musée historique Centre-Var.
Industrie ou activités : gîtes et chambres d'hôtes. Domaines viticoles. Tous types de commerces et de services.
Personnages : - Pierre-François-Grégoire Giraud (Le Luc 1783 – Paris 1836). Sculpteur.
- Jean-Baptiste-Appolinaire Lebas (Le Luc 1797 – Paris 1873). Ingénieur de la Marine, il a mis en place l'obélisque de la Concorde à Paris.
- Louis-Bertrand de Sivray (Le Luc 1766 – Le Luc 1850). Militaire français de la Révolution et de l'Empire.
Armoiries : de gueules aux trois étoiles d'or en chef et au croissant de même en pointe et à la filière d'argent.
Cours d'eau : le Solliès. Le Coudonnier.
Manifestations : fête de la Saint-Joseph, fête des cerises, fête du cheval, fête du pain au four communal, feu de la Saint-Jean.
Divers : une base de loisirs et un circuit automobile. Sentiers de randonnée.

1 : Le Luc, début XXème.
2 : Le Luc, début XXème.
3 : Le Luc, début XXème.

LA MARTRE

Les Martrois.
Code postal : 83840.
Canton de Comps-sur-Artuby.
Superficie : 2037 ha.
Altitude : 876 à 1589 m.
Population : 1982 : 61 h.1999 : 133 h.
Autrefois : le castrum de la Martre est mentionné au XIIIème. Le village perché fut abandonné au XVIIème.
L'agglomération actuelle s'est formée autour de l'église Notre-Dame de Pierrelongue.
Aujourd'hui : église paroissiale.
Chapelle Saint-Blaise, XIème.
Château de Taulane, 1769.
Ruines du castellas de Pierre Longue (détruit lors des guerres de religion).
L'ancien barrage en bois sur l'Artuby.
Industrie ou activités : un « bistrot » de village.
Armoiries : de gueules à la fasce d'or chargée d'une fouine d'azur.
Cours d'eau : l'Artuby.
Divers : domaine de Taulane, château transformé en hostellerie et golf. Sentiers de randonnée.

LES MAYONS

Les Mayonnais.
Code postal : 83340.
Canton du Luc.
Superficie : 2886 ha.
Altitude : 79 à 742 m.
Population : 1896 : 528 h. 1936 : 315 h. 1982 : 300 h. 2010 : 639 h.
Autrefois : au XIXème, plusieurs bouchonneries étaient implantées sur la commune.
Aujourd'hui : église Saint-Jean, édifiée au XVIIème, agrandie au XIXème.
Oratoire Saint-Joseph, XIXème.
Oratoire Saint-Pierre, XIXème.
Une ancienne bouchonnerie, XIXème.
Maisons et fermes anciennes.
Industrie ou activités : miel, châtaignes et viticulture. Chambres d'hôtes.
Cours d'eau : l'Aille.
Divers : forêt des Maures. Sentiers de randonnée.

---

1 : La Martre, début XXème.
2 : La Martre, début XXème.
3 : Les Mayons, début XXème.

MAZAUGUES

Les Mazauguais.
Code postal : 83136.
Canton de La Roquebrussanne.
Superficie : 5379 ha.
Altitude : 312 à 1055 m.
Population : 1982 : 359 h. 2012 : 801 h.

Autrefois : occupation du territoire à l'époque préhistorique, comme l'atteste des découvertes de vestiges, puis à l'époque romaine (tuiles, débris de vases…).
Mazaugues apparaît dans les archives dès le Xème sous le nom de Madaligas, puis de Matalicas et Madalgas au XIème et de Mazalgis et Mazalgas au XIIème.
Le château fut probablement construit, au plus tard à la fin du XIème.
La seigneurie a appartenu aux vicomtes de Marseille, puis à la famille d'Agoult, à la famille de Montauban, puis à la famille de Castellane.
En 1839, le village de Meinarguette est rattaché à Mazaugues.
Importants sites d'extraction de la bauxite, de 1899 à 1985.
Le massif de la Sainte-Baume fut un haut lieu de l'exploitation des glacières. La glace formée l'hiver, dans de grands puits de congélation, était stockée. Durant tout le XIXème, les glacières de Mazaugues fournissaient, en été, les villes de Toulon, d'Aix-en-Provence et de Marseille.

Aujourd'hui : église Saint-Christophe, XIème.
Vestiges du château féodal et de l'église médiévale.
La Grande Fontaine, construite en 1777.
Un lavoir, début XXème.
Musée de la glace, et visite de la glacière de Pivaut, restaurée.
Monument aux morts pacifiste.

Industrie ou activités : maraîchage, tourisme. Gîtes et chambres d'hôtes. Une épicerie. Apiculture. Elevage.

Armoiries : de sable à une maison d'argent.

Cours d'eau : sources du Caramy et de l'Issole.

Manifestations : les nuits musicales, festival de musique classique en plein air, en été. Fête de la Saint-Christophe, fin juillet. Foire à la glace le dernier dimanche de février.

Divers : cirque de Mazaugues. Sentiers de randonnée, dont le GR 9. Saut du Cabri.

1 : Mazaugues, début XXème.
2 : Mazaugues, début XXème.
3 : Mazaugues, début XXème.

MÉOUNES-LÈS-MONTRIEUX

Les Méounais.
Code postal : 83136.
Canton de La Roquebrussanne.
Superficie : 4092 ha.
Altitude : 178 à 784 m.
Population : 1800 : 1033 h. 1896 : 612 h. 1931 : 496 h. 1982 : 928 h. 2013 : 2035 h.

Autrefois : occupation du territoire à l'époque gallo-romaine, comme l'atteste la découverte de nombreux vestiges de villas.

Le nom de Melna est cité pour la première fois dans une charte de l'abbaye Saint-Victor de Marseille, en 965.

Les Chartreux s'installèrent à Montrieux en 1137. Il s'agissait alors de la huitième maison de l'Ordre. Plusieurs fois détruit, le monastère avait été abandonné à la Révolution, mais les moines sont revenus dans les lieux. En 2008, il y en avait douze.

Aujourd'hui : église Saint-Eutrope. Riche mobilier à l'intérieur.

Chapelle Saint-Michel, origine XVème, restaurée.

Chapelle Saint-Lazare.

Le nouveau monastère de Montieux s'élève à quelques kilomètres des anciens bâtiments, à Montieux le Jeune. Ils datent du XIXème.

La Maison de têtes, construite en 1767, a appartenu à l'époque au sculpteur marseillais Emile Aldebert.

Un ancien moulin à huile.

Onze fontaines, dont la fontaine des Quatre saisons.

Cinq croix.

Grotte des Rampins, site de spéléologie et cascades.

Industrie ou activités : gîtes et chambres d'hôtes.

Armoiries : d'or à la plante de mauve sur une terrasse isolée de sinople.

Cours d'eau : le Gapeau, fleuve dans lequel se jettent deux cours d'eau, le Naï et la Lône.

Manifestations : fête de la saint-Eloi, début juin. Brocante en juillet. Fête de Saint-Lazare fin juillet.

Divers : nombreux sentiers de randonnée.

---

1 : Méounes, début XXème.
2 : Méounes, début XXème.
3 : Méounes, début XXème.

MOISSAC-BELLEVUE

Les Moissacais.
Code postal : 83630.
Canton de Tavernes.
Superficie : 2059 ha.
Altitude : 430 à 982 m.
Population : 1982 : 117 h. 2012 : 283 h.

Autrefois : traces d'occupation antique.
Le village est mentionné pour la première fois au XIème, sous le nom de Moxiaco. Le nom actuel apparait en 1235.
Les premiers seigneurs du lieu furent les Castellane.

Aujourd'hui : église Saint-Joseph, origine XVIème.
Chapelle Notre-Dame de la Roque, située sur un promontoire, XIIème.
Village typiquement provençal, perché sur une colline, avec ses ruelles dallées, ses escaliers escarpés, ses passages voûtés…
Château XVIIème, privé.
Tour de l'horloge, XIXème.
Un ancien pigeonnier seigneurial, privé.
Une fontaine monumentale, 1875.
Un point info tourisme.
Salle « culture et loisirs » de la Combe.

Industrie ou activités : gîtes communaux. Quelques artisans. Une zone artisanale. Un « bistrot de pays ». Une ferme-auberge.

Armoiries : de gueules au château donjonné de trois tours d'or, maçonné de sable.

Divers : commune du Parc Naturel Régional du Verdon. Sentiers de randonnée. Panorama sur les environs.

LA MÔLE

Les Molois.
Code postal : 83310.
Canton de Saint-Tropez.
Superficie : 4528 ha.
Altitude : 15 à 529 m.
Population : 1982 : 344 h. 2006 : 913 h.

Autrefois : le village est cité dès le XIème.
A l'origine, le territoire de La Môle était trois fois plus grand. La chartreuse de la Verne, fondée au XIIème, lui en prit les deux-tiers.

1 : Moissac, début XXème.
2 : Moissac, début XXème.
3 : La Môle, début XXème.

Le village actuel date de la première moitié du XIXème.

Aujourd'hui : église, vers 1870, restaurée.

La chapelle Sainte-Madeleine servit d'église paroissiale jusqu'en 1872. Elle est située au sommet de la colline, où subsistent également les ruines du premier village.

Château de la Môle, origine ancienne, mais remanié, demeure typiquement provençale, avec un parc et une chapelle.

Un bureau d'informations touristiques.

Industrie ou activités : gîtes et chambres d'hôtes. Commerces et services de proximité.

Personnage : le château de la Môle a appartenu au compositeur Emmanuel de Fonscolombe. Son arrière petit-fils, Antoine de Saint-Exupéry, y a séjourné.

Armoiries : de sinople à la traverse ondée d'argent accompagnée en chef d'une meule de moulin du même.

Cours d'eau : la Môle.

Divers : barrage et lac de la Verne, sentiers de randonnée, parcours VTT... Commune située au cœur du massif des Maures. Un parc nautique.

1 : La Môle, début XXème.
2 : La Môle, début XXème.
3 : La Môle, début XXème.

MONS

Les Monsois.
Code postal : 83440.
Canton de Fayence.
Superficie : 7663 ha.
Altitude : 235 à 1714 m.
Population : 1806 : 1021 h. 1896 : 769 h. 1936 : 450 h. 1982 : 291 h. 2013 : 883 h.

Autrefois : occupation du territoire dès l'époque préhistorique, comme l'atteste la présence de nombreux dolmens.

Un aqueduc de 42 km fut construit par les Romains, afin d'acheminer l'eau de la Siagnole à Fréjus. La première mention du bourg date du XIIIème.

La première église de Mons est construite en 1113, dans l'enceinte du château. L'église est reconstruite en 1260 et agrandie aux XVème et XVIIème.

Aujourd'hui : église Saint-Pierre et Saint-Paul, XIIème et XVIIème.

Village pittoresque avec ses maisons de pierre sèche, entouré de terrasses couvertes d'oliviers.

Château de Beauregard, gentilhommière édifiée au XVIème, chapelle et orangerie.

A la Roche Taillée, aqueduc romain toujours visible.

Trois dolmens, de Riens, de la Colle et de la Brainée.

Maison du Tourisme

Musée municipal, dans une ancienne maison, objets et mobilier locaux.

Atelier-expo de maquettes en allumettes (privé).

Industrie ou activités : gîtes et locations saisonnières. Quelques artisans Souffleur de verre, potière et apiculteurs. Bergers.

Armoiries : de gueules au mouton d'argent paissant sur une terrasse de sinople, au chef cousu d'azur chargé de trois étoiles d'or.

Personnages : - Jean Vadon, entomologiste.
- Clément Rolland, aviateur de l'aérospatiale.

Cours d'eau : confluent de la Siagne et de la Siagnole.

Jumelage : avec Gurbesti en Roumanie.

1 : Mons, début XXème.
2 : Mons, début XXème.
3 : Mons, début XXème.

MONTAUROUX (Var) - Rue de la Rouquière

Manifestations : fête de la Sainte-Agathe (février), fête de la Saint-Pierre (juin), Fiero Largado (1er dimanche de juillet), Cosmons « veillée aux Etoiles » (juillet), marché des potiers (août), fête patronale (15 août).
Divers : sentiers de randonnée. Panorama.

MONTAUROUX

Les Montaurousiens.
Code postal : 83440.
Canton de Fayence.
Superficie : 3354 ha.
Altitude : 72 à 437 m.
Population : 1982 : 1997 h. 2006 : 4743 h.
Autrefois : traces d'occupation dès l'époque préhistorique.
Mais ce n'est véritablement qu'au XIème que le village est mentionné.
En 1044, Pierre d'Aurosa, seigneur et chevalier de confiance de l'Eglise, s'installe sur ce piton rocheux afin de protéger les paysans et leurs biens. Il y construit un château et une église.
L'aqueduc nommé canal de la Fontaine a été construit vers la fin du Moyen-Âge pour amener l'eau de la source Mailla, jusqu'à la fontaine publique la plus proche du village.
Aujourd'hui : le bourg a gardé son caractère ancien, avec ses ruelles étroites bordées de maisons aux murs de pierre.
Eglise Saint-Barthélemy, mentionnée au XIIème (dont il reste quelques vestiges), agrandie en 1691.
Chapelle Saint-Barthélemy, édifiée au XVIIème à l'emplacement de la forteresse de Montauroux.
Chapelle Saint-Michel, origine ancienne, restaurée.
Château de la Colle Noire, dit Château Dior, édifiée entre 1858 et 1861.
Plusieurs fontaines et lavoirs.
Une bambouseraie.
Office de tourisme.
Industrie ou activités : artisanat d'art. Commerces et services. Hôtels, campings, gîtes et chambres d'hôtes. Activités liées au tourisme. Marchés artisanaux nocturnes, en été. Marché hebdomadaire le mardi.

---

1 : Montauroux, début XXème.
2 : Montauroux, début XXème.
3 : Montauroux, début XXème.

Personnages : - le couturier Christian Dior séjourna dans la commune, au château de la Colle Noire.
- Le doyen des hommes français, Maurice Floquet (1894 - 2006), vivait dans la commune.

Armoiries : d'argent à la croix haussée et alésée de gueules, au chevron diminué et abaissé du même brochant sur la croix.

Manifestations : fête patronale des Saintes. La transhumance. Festival international de guitare. Fête patronale de la Saint-Barthélemy.

Divers : lac se Saint-Cassien, sports nautiques. Sentiers de randonnée.

MONTFERRAT

Les Montferratois.
Code postal : 83131.
Canton de Callas.
Superficie : 3401 ha.
Altitude : 420 à 952 m.
Population : 1982 : 428 h. 2010 : 1262 h.

Autrefois : une mine de fer serait à l'origine du nom du Castrul Ferrario, déjà cité en 1046.
Au XIIème, l'abbaye Saint-André de Villeneuve-lès-Avignon y possédait l'église rurale Sancti Pontii dont elle percevait les revenus
L'église Saint-Roch abrita la confrérie des Pénitents Blancs fondée en 1646.

Aujourd'hui : église Saint-Roch, construite en 1414.
Chapelle Notre-Dame de Beauvoir, romane, près de vestiges d'un château médiéval.
Une fontaine datée de 1751.

Industrie ou activités : commerces et services variés.

Armoiries : d'argent au rocher de sable surmonté de trois molettes du même rangées en chef.

Jumelage : avec Cunico en Italie.

Cours d'eau : le Nartuby.

Manifestations : fête de la Saint-Roch, journées équestres, tournoi d'archerie.

Divers : une partie du camp militaire de Canjuers, un des plus grands centres d'entraînement d'Europe. Site de Pierrepont, où le Beaudron se jette du haut d'une petite cascade.

Hameau : Les Mas de Mathurine.

1 : Montferrat, début XXème.
2 : Montferrat, début XXème.
3 : Montferrat, début XXème.

MONTFORT-SUR-ARGENS

Les Montfortais.
Code postal : 83570.
Canton de Cotignac.
Superficie : 1192 ha.
Altitude : 129 à 344 m.
Population : 1808 : 960 h. 1896 : 746 h. 1982 : 551 h. 2013 : 1218 h.

Autrefois : ancienne cité des comtes de Provence.

Le château, dont la façade est inscrite à l'Inventaire Supplémentaire des Monuments Historiques, est le seul que les Templiers possédèrent en Provence. Alfonse II, Comte de Provence le leur donna en 1207 en même temps que de nombreuses terres aux alentours. Après la disparition de l'Ordre, ce château devint propriété des Hospitaliers de Saint Jean puis au XVIème de l'Ordre de Malte. Il fut transformé pendant la Révolution en prison, ce qui lui permit d'échapper à la destruction.

Aujourd'hui : église Saint-Blaise.

Village médiéval qui a conservé ses ruelles du Moyen-Âge et ses passages voûtés.

Le château médiéval, qui domine le bourg, est une ancienne commanderie de l'ordre de Saint-Jean de Jérusalem, avec ses vestiges de remparts et sa chapelle Saint-Blaise.

Tour de l'horloge, son campanile et sa cloche datée de 1679.

Une porte à herse du XIIIème.

Maison de Joseph-Louis Lambot, inventeur du ciment armé.

Fontaines.

Bureau du tourisme.

Industrie ou activités : gîtes et chambres d'hôtes. Viticulture et artisanat.

Personnage : Joseph-Louis Lambot (Montfort-sur-Argens 1814 - Brignoles 1887). Inventeur du ciment armé breveté en 1855.

Armoiries : d'or à la pièce de canon de sable tournée à senestre, montée sur un affût de gueules et posée sur une montagne d'azur mouvant de la pointe.

Cours d'eau : l'Argens.

Divers : base de canoë.

---

1 : Montfort, début XXème.
2 : Montfort, début XXème.
3 : Montfort, début XXème.

MONTMEYAN

Les Montmeyannais.
Code postal : 83670.
Canton deTavernes.
Superficie : 3943 ha.
Altitude : 358 à 691 m.
Population : 1800 : 622 h. 1896 : 467 h. 1936 : 332 h. 1982 : 299 h. 2009 : 550 h.

Autrefois : occupation du territoire à l'époque préhistorique (traces d'habitats, dolmens...).

Montmeyan apparaît dans les archives dès le XIIème sous le nom de Locus de Monte Mejano puis de Montis Mediani.

Aux XIIème et XIIIème, l'abbaye Saint-André de Villeneuve-lès-Avignon y possède l'église paroissiale, et en perçoit les revenus.

Il existait une coopérative viticole, qui a fermé ses portes dans les années 1980.

Aujourd'hui : ancien village médiéval fortifié construit sur un promontoire rocheux au milieu de la plaine, avec ses rues étroites, des passages voûtés, des escaliers...

Eglise Notre-Dame du Plan, origine XIIème, modifiée au fil des siècles.

Deux oratoires.

Vestiges des remparts.

Maisons médiévales.

Un ensemble de trois croix, à la limite du village.

Industrie ou activités : gîtes, chambres d'hôtes et deux campings.

Armoiries : de gueules à un château donjonné de trois tours d'or, ouvert d'argent et hersé de sable, sur un mont aussi d'argent mouvant de la pointe et chargé d'une croix pattée de gueules.

Divers : deux centres équestres. Sentiers de randonnée. Proximité des gorges du Verdon et du lac Sainte-Croix.

MONTMEYAN (Var) - Vue Générale (Côté Ouest)

1 : Montmeyan, début XXème.
2 : Montmeyan, début XXème.

LA MOTTE

Les Mottois.
Code postal : 83920.
Canton de Draguignan.
Superficie : 2812 ha.
Altitude : 10 à 320 m.
Population : 1800 : 664 h. 1896 : 704 h. 1921 : 666 h. 1982 : 1557 h. 2007 : 2875 h.

Autrefois : le bourg est mentionné dans une charte du XIème, sous le nom de Motta-Lamberti.
Le bourg castral d'Esclans fut déclaré inhabité en 1400 et annexé à La Motte. L'église Saint-Romain apparaît en 1135.
Premier village de Provence à être libéré, le 15 août 1944.

Aujourd'hui : église Saint-Victor, XVIIIème et XIXème, sur l'emplacement d'un ancien prieuré.
Tour de l'horloge.
Musée des œuvres de Robert Pizay.

Industrie ou activités : commerces et services variés. Domaines viticoles et une cave coopérative. Gîtes et chambres d'hôtes.

Armoiries : coupé, au premier d'argent au loup ravissant d'azur, au second de gueules au pal d'or.

Cours d'eau : le Nartuby. L'Endre.

Divers : saut du Capelan, cascade sur la Nartuby. Sentiers de randonnée.

LE MUY

Les Muyois.
Code postal : 83490.
Chef-lieu de canton.
Superficie : 6658 ha.
Altitude : 7 à 561 m.
Population : 1800 : 1502 h. 1896 : 2953 h. 1931 : 3327 h. 1982 : 5442 h. 2012 : 9345 h.

Autrefois : occupation du site à l'époque préhistorique (fouilles). Des oppidums et des vestiges gallo-romains attestent également une présence humaine à ces époques.
Le castrum de Roqueta, mentionné au XIIIème, fut abandonné par la suite.

---

1 : La Motte, début XXème.
2 : La Motte, début XXème.
3 : Le Muy, début XXème.

L'activité économique du bourg a longtemps été concentrée autour d'industries liées à la présence de la forêt, scieries, bouchonneries… dont le fonctionnement était favorisé par de nombreux cours d'eau.

Le village primitif se trouvait autour de San Luen (Castrum de Marsens).

Le bourg fut un des premiers à être libérés par les alliés, dans la nuit du 14 au 15 août 1944.

Aujourd'hui : église Saint-Joseph, reconstruite au XVIème, sur les fondations romanes. L'église est englobée dans les remparts.

Chapelle Notre-Dame de la Roquette.

La Tour Notre-Dame, construite au XIIIème, est plus communément appelée Tour Charles Quint, en souvenir de la résistance des Muyois qui s'opposèrent en 1536 à Charles Quint.

Site classé du Moulin des Serres.

Office de tourisme.

Industrie ou activités : vignobles. Marché le jeudi et le dimanche matin. Plus de 900 entreprises sont installées dans la commune. Plusieurs zones industrielles et commerciales. Gîtes et chambres d'hôtes.

Armoiries : coupé, au premier de sinople à la croix d'argent, au second d'argent à l'éléphant d'azur, défendu du champ.

Cours d'eau : l'Argens. Le Nartuby. L'Endre.

Manifestations : fête de la Roquette, fête locale, anniversaire de la Libération du Muy, vide-greniers…..

Divers : randonnées pédestres et équestres, tennis… Forêt domaniale de Rouët. Point de départ de promenades vers le rocher de Roquebrune, dans le Massif des Maures.

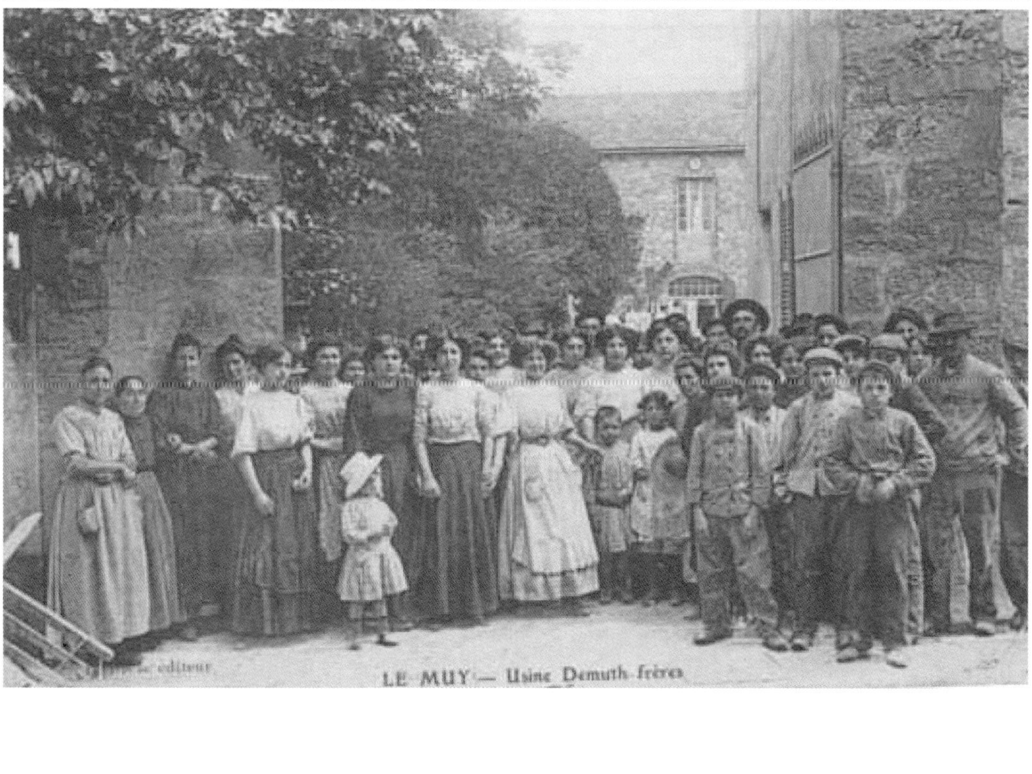

1 : Le Muy, début XXème.
2 : Le Muy, début XXème.
3 : Le Muy, début XXème.

2457 - Nans - Rue du Vinaigre

Nans - Hôtel des Touristes

Nans (Var) - Hôtel Pigot

NANS-LES-PINS

Les Nansais.
Code postal : 83860.
Canton de Saint-Maximin-la-Sainte-Baume.
Superficie : 4799 ha.
Altitude : 308 à 772 m.
Population : 1800 : 838 h. 1881 : 902 h. 1946 : 633 h. 1982 : 1347 h. 2013 : 4200 h.

Autrefois : occupation du territoire à une époque très ancienne, comme l'atteste la découverte de vestiges, dolmens, tumulus, oppidum de Sainte-Croix, villas gallo-romaines...

Le castrum du Vieux Nans fut abandonné au XVème. Le site fut utilisé comme carrière pour construire dans la plaine, le village actuel.

Aujourd'hui : église Saint-Laurent et Saint-Sébastien, XVIIème, agrandie en 1822.

Chapelle Notre-Dame de Miséricorde ou chapelle des Pénitents, XVIIème, fortifiée.

Oratoire de Miette, 1516.

Perchés, vestiges du site médiéval du Vieux-Nans et de son château féodal.

Oppidum ligure de Sainte-Croix, occupé pendant les deux siècles avant notre ère.

Restes d'un moulin à huile.

Office de tourisme de la Provence Verte.

Industrie ou activités : gîtes et chambres d'hôtes, et un village-vacances. Tous commerces et services. Activités liées au tourisme, de par la proximité du bourg de sites touristiques, situé lui-même au pied du Massif de la Sainte-Baume. Une usine d'outils de serrage, presses... Restaurants.

Armoiries : d'or à une croix de sable cantonnée de quatre roses de gueules.

Cours d'eau : le Cauron. L'Huveaune.

Jumelage : avec Rabenau en Allemagne.

Manifestations : fête des plantes, marché des artisans créateurs, salon des artistes peintres, marchés nocturnes, brocantes...

Divers : sentiers de randonnée, dont le GR 9 et le chemin des rois, emprunté autrefois par les rois de France (Charles VII, Louis XI, François Ier, Louis XIII Louis XIV...) qui se rendaient en pèlerinage de la Sainte Grotte. Golf de 18 trous. Un centre équestre. Maisons de repos et de retraite.

1 : Nans-les-Pins, début XXème.
2 : Nans-les-Pins, début XXème.
3 : Nans-les-Pins, début XXème.

NÉOULES

Les Néoulais.
Code postal : 83136.
Canton de La Roquebrussanne.
Superficie : 2508 ha.
Altitude : 305 à 700 m.
Population : 1982 : 619 h.1999 : 1617 h.

Autrefois : occupation du site depuis une époque ancienne.

Le bourg, mentionné dès le XIème, s'est successivement appelé Novulas (1035), Novula (1084), Neulis (1235), Noulas…

Le village primitif s'est constitué autour du piton rocheux de Saint-Thomé.

Le site fut abandonné au XVIème, au profit des terres agricoles et autour du château et de l'église nouvellement construits. Le village actuel s'appelait alors Ribière.

Au XIIème, le territoire faisait partie de la seigneurie de Signes.

Au XVIème, le village (Ribière) est divisé entre plusieurs seigneurs.

Aujourd'hui : église Saint-Jean-Baptiste, XVIème et XVIIème.

Le site de Saint-Thomé correspond à l'emplacement de l'ancien village fortifié de Néoules qui se trouvait au sommet de la colline, et dont il reste des vestiges de l'église, certainement utilisée jusqu'au XVIème.

Le château a été reconstruit en 1584 par François Blancard, coseigneur de Néoules.

Le site de Chateauloin comprend une tour du Xème.

Tour de Font Marcellin, construite en 1866, a servi de château d'eau jusque dans les années 1950.

Industrie ou activités : viticulture. Produits du terroir, miel, truffes, vin et huile d'olives.

Cours d'eau : sources de Font Gayaou, de Font Vieille, de Font Robert, de Font Marcellin, de la Servette.

Manifestation : festival de musiques du monde, en, juillet, sur le site de Chateauloin.

Divers : commune de la « Provence Verte ».

1 : Néoules, début XXème.
2 : Néoules, début XXème.
3 : Néoules, début XXème.
4 : Néoules, début XXème.

2413. OLLIERES. — Vue générale

5. Ollières — Parc du Lautin - Pigeonnier

Phototyp. E. Lacour – Marseille
6 - Ollioules - Extérieur de la Gare Ollioules-Sanary (Ouest)

OLLIÈRES

Les Olliérois.
Code postal : 83470.
Canton de Saint-Maximin-la-Sainte-Baume
Superficie : 3966 ha.
Altitude : 311 à 621 m.
Population : 1800 : 285 h. 1896 : 219 h. 1936 : 209 h. 1982 : 200 h. 2010 : 635 h.

Autrefois : en 1316, le seigneur du lieu était Raymon Gaufridi. Importante exploitation d'argile.

Aujourd'hui : église Sainte-Anne, portail roman.
Château XVIIème, autour duquel s'échelonnent les anciennes maisons et les ruelles en pente. Un vieux portail et un four communal.

Industrie ou activités : domaine viticole du château d'Ollières.

Personnage : Jean-Baptiste Louis-Philippe de Félix d'Ollières (Ollières 1751 – Paris 1820). Baron d'Empire et général français.

Armoiries : de gueules à la bande d'argent chargée du mot Ollières en lettres capitales de able.

Manifestation : la fête du chien, le premier dimanche de juillet.

Divers : sentiers de randonnée.

OLLIOULES

Les Ollioulais.
Code postal : 83190.
Chef-lieu de canton.
Superficie : 1989 ha.
Altitude : 0 à 520 m.
Population : 1800 : 2591 h. 1896 : 3966 h. 1936 : 5326 h. 1982 : 9242 h. 2013 : 13.199 h.

Autrefois : territoire occupé par l'homme dès le Néolithique, puis par la tribu celto-ligure des Camatulici. Ils fondent, sur la colline de la Courtine, le plus vaste oppidum de la région, véritable ville fortifiée qui rayonne d'un point de vue commercial.
Le château, situé au sommet du village, a été construit au Xème par les vicomtes de Marseille.
La culture de l'olive, qui donna d'ailleurs sont nom au village, fut de tout temps le véritable emblème de la ville. Au Moyen-Âge, les huiles ollioullaises se vendaient jusqu'à Alexandrie.

---

1 : Ollières, début XXème.
2 : Ollières, début XXème.
3 : Ollioules, début XXème.

Aujourd'hui : église Saint-Laurent, édifiée au XIème à l'emplacement d'un prieuré appartenant à l'abbaye Saint-Victor de Marseille, modifiée et agrandie aux XIVème, XVIème et XVIIème.
Le centre du village a gardé son aspect pittoresque, avec ses maisons du XVIème au XIXème, ses porches, ses fontaines…
Maison du Patrimoine, dans un hôtel particulier bâti en 1620, actuellement en cours de restauration.
Vestiges de l'oppidum celto-ligure de la Courtine (IVème siècle avant Jésus-Christ).
Bastide de Montauban, construite en 1622, flanquée de deux tours rondes.
Canal des arrosants, qui détourne l'eau de la Reppe vers les lavoirs et les moulins situés sur son tracé. Une promenade serpente le long de ce béal, au milieu des jardins.
Industrie ou activités : tous commerces et services. Restaurants. Nombreux ateliers d'artisans d'art. Plusieurs marchés hebdomadaires. Un moulin à huile. Hôtels, gîtes et chambres d'hôtes. Economie basée sur l'olivier, la vigne, les primeurs et les fleurs.
Personnages : - Gaspard de Besse (1757 – 1781), célèbre brigand provençal, a opéré, entre autres, dans les gorges d'Ollioules.
- Charles IX de Valois, roi de France, de passage à Ollioules lors de son tour de France visant à s'attirer l'appui du peuple, octroya à Ollioules des faveurs en raison de son accueil exemplaire.
Armoiries : d'argent à un olivier arraché de sinople.
Cours d'eau : la Reppe.
Jumelage : avec Porretta Terme en Italie, et pacte d'amitié avec Weiler-Simmerberg-Ellhofen en Allemagne.
Manifestations : spectacles du théâtre, corso fleuri en avril, fête de la Saint-Eloi, fête de l'olivier le 1er week-end d'octobre, foire aux santons en décembre.
Divers : les gorges d'Ollioules, creusées par les eaux de la Reppe. Commune labellisée « Ville et métiers d'art », « les plus beaux détours de France », « ville amie des enfants » (Unicef) et « village fleuri » (trois fleurs). Sentiers de randonnée, notamment celui qui accède au sommet du Gros Cerveau.

282 - OLLIOULES - Fontaine du rentier (époque XVe siècle)

Edit. R Jonquier, papet
6. OLLIOULES. – La Fontaine St-Laurent

Cliché Giraud.
OLLIOULES — 160 - La Place et la Mairie

1 : Ollioules, début XXème.
2 : Ollioules, début XXème.
3 : Ollioules, début XXème.

PIERREFEU-DU-VAR

Les Pierrefeucains.
Code postal : 83390.
Canton de Cuers.
Superficie : 5836 ha.
Altitude : 45 à 442 m.
Population : 1800 : 894 h. 1896 : 2374 h. 1931 : 3443 h. 1982 : 3983 h. 2010 : 5548 h.

Autrefois : historiquement, les premières origines de la commune datent du XIème, sous le nom de *Petrafoc*. Les terres appartenaient alors aux vicomtes de Marseille.

C'est à la suite des guerres de religion qui ont dévasté le village que celui-ci s'installe sur la colline de Sainte-Croix.

La terre de Pierrefeu fut érigée en marquisat en 1682.

Jusqu'à la Révolution, la seigneurie de Pierrefeu a été la propriété de diverses familles, nobles ou non, de Provence.

Dès la fin du XIXème, la bouchonnerie fut longtemps une activité importante dans le bourg. Dans les années 1915, 200 millions de bouchons étaient produits. L'usine cesse de fonctionner en 1971.

Aujourd'hui : bourg médiéval et pittoresque accroché au flanc d'un piton rocheux, avec ses ruelles étroites.

Eglise Saint-Jacques-le-Majeur, XVIIème au XIXème.

Chapelle Sainte-Croix, ancienne chapelle seigneuriale, XIème.

Vestiges du château féodal.

Fermes et maisons anciennes, dès le XVIIème.

Sur les hauteurs, vestiges de plusieurs enceintes datant de l'Antiquité.

Plusieurs fontaines.

Office de tourisme.

Le dixmude fut érigé à la mémoire des 50 disparus du dirigeable « Le Dixmude », perdu en mer dans la nuit du 20 au 21 décembre 1923 au large des côtes siciliennes.

Industrie ou activités : domaines viticoles, vin AOC Côtes-de-Provence. Huile d'olive. Marché le mardi et le samedi matin. Gîtes et chambres d'hôtes.

Armoiries : de gueules au brasier de cinq flammes d'or mouvant d'un caillou d'argent, accosté des lettres P et F capitales aussi d'or.

Cours d'eau : le Réal Martin.

Divers : vue panoramique et table d'orientation. Sentiers de randonnée.

---

1 : Pierrefeu, début XXème.
2 : Pierrefeu, début XXème.
3 : Pierrefeu, début XXème.

PIGNANS

Les Pignantais.
Code postal : 83790.
Canton de Besse-sur-Issole.
Superficie : 3487 ha.
Altitude : 146 à 766 m.
Population : 1800 : 2230 h. 1896 : 1754 h. 1931 : 1569 h. 1982 : 1789 h. 2010 : 3343 h.

Autrefois : découverte d'un fragment de silex au quartier du Pouverel et de vestiges d'une enceinte d'oppidum à Notre Dame des Anges. Les vestiges de l'occupation romaine sont encore plus nombreux.
L'église de Pignans est citée pour la première fois en 1039, date de sa reconstruction. Mais il semble qu'elle soit déjà construite au VIème. En partie détruite au cours des guerres de religion, elle est de nouveau reconstruite à partir du XVIème.
Le château fut détruit en 1591.
Aux XVIIIème et XIXème, le bourg se développa grâce à la fabrication de papier et d'ustensiles en cuivre, des moulins à farine et à huile, l'exploitation de lièges...

Aujourd'hui : église-collégiale Notre-Dame de la Nativité, XVIème au XVIIIème (chœur modifié).
Chapelle de Notre-Dame des Anges, située au sommet du Massif des Maures à 771 mètres d'altitude.
Plusieurs autres chapelles et oratoires dispersés sur le territoire.
Beffroi, 1783.
Maisons anciennes.
La mairie est installée dans la maison natale de Jules Gérard.
Plusieurs fontaines et lavoirs.
Un syndicat d'initiative.

Industrie ou activités : marché le jeudi matin et le dimanche matin. Domaines viticoles. Gîtes et hôtels. Tous commerces et services. Gîtes et chambres d'hôtes.

Personnage : Jules Gérard (Pignans 1817 – mort noyé dans une rivière de Sierra Leone en 1864). Militaire et explorateur français. Surnommé le « tueur de lions ».

Armoiries : d'azur aux trois pommes de pin tigées et feuillées d'or.

Cours d'eau : le Réal Martin.

Manifestation : fête de la châtaigne.

Divers : sentiers de randonnée. Point de vue de la chapelle Notre-Dame des Anges.

---

1 : Pignans, début XXème.
2 : Pignans, début XXème.
3 : Pignans, début XXème.

PLAN-D'AUPS-SAINTE-BAUME

Les Plandalens.
Code postal : 83640.
Canton de Saint-Maximin-la-Sainte-Baume.
Superficie : 2491 ha.
Altitude : 510 à 1148 m.
Population : 1800 : 75 h. 1896 : 148 h. 1936 : 178 h. 1982 : 249 h. 2010 : 1577 h.

Autrefois : le castrum Almis apparaît en 984 dans un acte de donation de l'abbaye Saint-Victor de Marseille.

Aujourd'hui : église Saint-Jacques le Majeur, XIème et XIIème. Chapelle des Parisiens, 1636. Chapelle du Saint-Pilon, qui surmonte la falaise abrupte qui abrite la grotte Sainte-Marie Madeleine.
Hôtellerie de la Sainte-Baume, maison religieuse qui accueille les pèlerins se rendant à la Sainte-Grotte, haut lieu de pèlerinage en Provence.
Grotte de Sainte-Marie Madeleine, grotte naturelle où la sainte décida, il y a 2000 ans, de finir ses jours dans la prière. Cette tradition a donné naissance à un important pèlerinage, dont l'accueil et l'animation sont confiés depuis sept siècles aux Dominicains.
Espace Trouin – Le Corbusier.

Industrie ou activités : commerces et services variés. Gîtes, chambres d'hôtes et hôtels-restaurants.

Armoiries : d'or au houx naturel planté sur une terrasse de sable.

Divers : bourg construit sur le flanc nord du Massif de la Sainte-Baume. Sentiers de randonnée, dont le chemin des rois, baptisé ainsi car de nombreux rois (une quarantaine) empruntèrent ce chemin pour se rendre à la Sainte-Grotte. Ce chemin est jalonné d'oratoires.

---

1 : Plan-d'Aups, début XXème.
2 : Plan-d'Aups, début XXème.
3 : Plan-d'Aups, début XXème.

PLAN-DE-LA-TOUR

Les Plantourians.
Code postal : 83120.
Canton de Grimaud.
Superficie : 3680 ha.
Altitude : 25 à 540 m.
Population : 1982 : 1448 h. 2013 : 2932 h.

Autrefois : occupation du territoire à l'époque préhistorique, comme l'atteste les traces de cette époque.
Un petit habitat apparaît sur l'éperon rocheux, aux environs du Xème. Plus tard, les guerres et les invasions font fuir les habitants. Le village ne sera repeuplé qu'à partir du XVIème.
Le nom du Plan de la Tour apparaît pour la première fois en 1613.
Rattaché à La Garde-Freinet, Le Plan de la Tour devient une commune indépendante.

Aujourd'hui : église Saint-Martin, 1770.
Chapelle Saint-Pierre.
Office ce tourisme.

Industrie ou activités : viticulture. Une cave coopérative. Gîtes et chambres d'hôtes.

Armoiries : d'or à la tour de gueules posée sur une terrasse de sable.

Jumelage : avec Perosa Argentina en Italie.

Manifestations : salon du livre de jeunesse en juin, Art dans la Rue, expositions de peintures, Festival dans les Vignes, fête de la Saint-Pierre en juillet…

Divers : point de départ de nombreuses randonnées.

Principaux hameaux : pas moins de vingt-cinq hameaux. Territoire boisé de chênes, pins maritimes et pins parasols…

1 : Plan-de-la-Tour, début XXème.
2 : Plan-de-la-Tour, début XXème.
3 : Plan-de-la-Tour, début XXème.

PONTEVÈS

Les Pontois.
Code postal : 83670.
Canton de Barjols.
Superficie : 4107 ha.
Altitude : 240 à 813 m.
Population : 1982 : 417 h. 1999 : 573 h.

Autrefois : les premières traces d'occupation remontent à la fin du Néolithique. Plusieurs fermes gallo-romaines ont également été décelées.

Dès le début du XIème, Pontevès fut le chef-lieu d'une puissante seigneurie et le fief d'une célèbre famille provençale.

Dans les premières années du XIIIème, une enceinte protège le village tandis qu'une tour de garde est bâtie sur la pointe la plus élevée du Petit Bessillon.

A l'est, la famille seigneuriale construit un nouveau site d'habitat qui prend le nom de Bastide de Pontevès.

Dès le XIVème, la Bastide et le village sont désertés, en raison des épidémies de peste, des guerres et des invasions.

En 1477, le village est repeuplé avec l'arrivée d'une trentaine de familles ligures, grâce à l'intervantion de Bertrand de Pontevès.

Avec les guerres de religion, l'enceinte est renforcée. Au début du XVIIème, les Pontevès réintègrent leur château qu'ils avaient délaissé. Il tomba cependant en ruine, déjà avant la Révolution.

Au XIXème, l'exploitation de la bauxite et l'élevage des vers à soie viennent renforcer l'économie basée sur la culture de céréales et d'oliviers.

La cave coopérative est créée en 1913.

Aujourd'hui : église Saint-Gervais, XVIIème, surmontée d'un campanile ai XVIIIème.

Vestiges de l'enceinte édifiée au XIIIème (remparts sud et ouest, porte de l'Ubac).

Vestiges du château féodal de la puissante famille des Pontevès, sur une éminence rocheuse.

Maisons anciennes.

Activités : gîtes et chambres d'hôtes. Domaines viticoles. Vente d'huile d'olive. Marché le vendredi. Quelques artisans.

Armoiries : d'or au pont de gueules.

Divers : sentiers de randonnée, dont celui qui mène au sommet du petit Bessillon (663 mètres).

1 : Pontevès, début XXème.
2 : Pontevès, début XXème.
3 : Pontevès, début XXème.

POURCIEUX

Les Pourciérains.
Code postal : 83470.
Canton de Saint-Maximin-la-Sainte-Baume.
Superficie : 2123 ha.
Altitude : 278 à 870 m.
Population : 1800 : 509 h. 1896 : 422 h. 1936 : 327 h. 1982 : 281 h. 2009 : 1128 h.

Autrefois : des vestiges permettent d'attester une présence sur le territoire depuis l'époque préhistorique, puis les populations celto-ligures et gallo-romaines. Parmi les fouilles, fut rétrouvée une Vénus de Pourcieux, statue romaine aujourd'hui au musée d'Avignon.
Antique Voie Aurélienne, de Fréjus à Aix.
Le « castrum de Porcils » et son église, mentionnés pour la première fois au XIème, furent désertés.
Le territoire a appartenu aux vicomtes de Marseille.

Aujourd'hui : église Notre-Dame de l'Assomption, remaniée plusieurs fois depuis le Moyen-Âge.
Château de Pourcieux, édifié vers 1764, domaine viticole.
Ruines d'un couvent de Minimes, abandonné en 1771.
Un pont romain.
Canal de Provence, creusé dans les années 1970.
Deux lavoirs et une fontaine publics.

Industrie ou activités : la viticulture est l'activité principale de la commune. Commerces et services de proximité.

Armoiries : d'or au chêne de sinople englandé du même senestré d'un porc de sable sur une terrasse de sinople.

Divers : commune située au pied du Mont Aurélien, entre vignes et forêts. Vélorail de la Sainte-Baume.

1 : Pourcieux, début XXème.
2 : Pourcieux, début XXème.
3 : Pourcieux, début XXème.

POURRIÈRES

Les Pourriérois.
Code postal : 83910.
Canton de Saint-Maximin-la-Sainte-Baume.
Superficie : 5638 ha.
Altitude : 239 à 872 m.
Population : 1982 : 1718 h. 2012 : 4500 h.

Autrefois : nombreux vestiges de la civilisation romaine.

Le territoire aurait été le théâtre (mais plus vraisemblablement à Aix-en-Provence selon certains historiens), au bord du fleuve l'Arc, de la célèbre bataille remportée par le général Caius Marius contre les Teutons et les Ambrons, venus du Nord de l'Europe, et déferlant du Septentrion pour envahir Rome en 102 avant JC.

Vers la fin du Moyen-Âge, et pendant quatre siècles, le territoire fut gouverné par la famille de Glandevès, l'une des plus importantes de Provence.

Le château fut démantelé pendant la Révolution.

Aujourd'hui : église Saint-Trophine, fondée au XIème, agrandie et modifiée par la suite. Ancien couvent des Minimes, fondé en 1568, sur l'emplacement de l'ancienne église paroissiale Notre-Dame du Bois. Le couvent cessa de fonctionner vers 1768.

Une fontaine XVIème, qui aurait été construite avec des pierres du mausolée romain dit « trophée de Marius ». Les fondations de ce mausolée romain se trouvent le long de l'ancienne Voie Aurélienne. Il fut longtemps interprété comme un trophée de Marius Caius à l'issue de la bataille, mais ne serait qu'une tombe monumentale. Le monument se composait d'un large socle surmonté d'une haute pyramide.

Industrie ou activités : viticulture.

Personnages : - Caius Marius (-157 avant Jésus-Christ – 86 av. J.C.), homme d'Etat romain, élu plusieurs fois consul. Il a mené une bataille sur le territoire de Pourrières.

- François Ier logea dans le château lors de son expédition vers l'Italie. En 1564, Charles IX et sa mère Catherine de Médicis y passèrent en se rendant à la chapelle de la Sainte-Baume.

---

1 : Pourrières, début XXème.
2 : Pourrières, début XXème.
3 : Pourrières, début XXème.

- Michel de Bourges (né à Pourrières en 1797), un des plus grands avocats du XIXème. Défenseur de la cause républicaine, il était aussi l'amant de George Sand, qu'il défenda lors de son divorce d'avec son mari.
- Germain Nouveau (Pourrières 1851 – Pourrières 1920). Poète français, ami de Verlaine et de Rimbaud.
- Honoré Silvy (né à Pourrières en 1916). Comédien et conteur, fervent défenseur des traditions provençales.
Cours d'eau : l'Arc.
Jumelage : avec le district de Moyle au Royaume-Uni.
Manifestations : fête du Vœu, fête traditionnelle pour commémorer le fait que le village ait été épargné par la peste en 1720. Fête gallo-romaine en mai.
Divers : nombreuses randonnées, notamment vers le Mont Aurélien et la montagne Sainte-Victoire.

LE PRADET

Les Pradétans.
Code postal : 83220.
Canton de La Garde.
Superficie : 997 ha.
Altitude : 0 à 273 m.
Population : 1896 : 1378 h. 1936 : 1981 h. 1982 : 7900 h. 2010 : 11.506 h.
Autrefois : détaché de la commune de La Garde, le hameau du Pradet devient une commune indépendante en 1894.
Si quelques villas ont été construites dès la fin du XIXème, c'est surtout après la Deuxième Guerre mondiale que la fonction balnéaire du bourg se développe.
La mine de cuivre de Cap Garonne fut exploitée industriellement de 1862 à 1917.

1 : Pourrières, début XXème.
2 : Pourrières, début XXème.
3 : Le Pradet, début XXème.

Aujourd'hui : église Saint-Raymond, XIXème.
La mairie est installée dans l'ancien château du Clos Meunier, fin XVIème et début XVIIème.
Fort de la Colle Noire, construit en 1878-1880, entouré d'un fossé.
Fortin de la Gavaresse, érigé en 1889.
Fontaine de la place Flamencq.
Musée de la mine de Cap Garonne, histoire des anciennes mines de cuivre, et collection unique de 120 variétés de micro-cristaux.
Galerie d'art Cravero.
Industrie ou activités : campings, gîtes, hôtels et chambres d'hôtes. Tous types de commerces et de services. Plusieurs marchés hebdomadaires, et un marché nocturne en été. Un moulin à huile est toujours en activité. Viticulture et cultures maraîchères. Station du littoral varois, la ville a développé ses activités liées au tourisme.
Personnage : plusieurs personnalités ont séjourné au Pradet, où ils trouvaient l'inspiration, entre autres le réalisateur de films Francis Veber, l'acteur Fernandel, l'acteur Raimu…
Jumelage : avec Arieseni en Roumanie.
Manifestations : tournoi de tennis, foire aux livres, fête de la vigne en octobre…
Divers : plusieurs plages et criques, loisirs nautiques, sentiers de randonnée, piste cyclable, tennis, skate… Parcs et jardins, dont le parc Cravero, jardin écologique et animalier.

---

1 : Le Pradet, début XXème.
2 : Le Pradet, début XXème.
3 : Le Pradet, début XXème.

PUGET-SUR-ARGENS

Les Pugétois.
Code postal : 83480.
Canton du Muy.
Superficie : 2690 ha.
Altitude : 0 à 180 m.
Population : 1800 : 949 h. 1896 : 1104 h. 1926 : 1551 h. 1982 : 4509 h. 2010 : 6587 h.

Autrefois : occupation du territoire dès l'époque préhistorique, comme l'atteste la découverte d'outils.
Voie Aurélienne.
La première mention historique du bourg date de 990, dans le cadre d'une donation du territoire, du comte de Provence à l'évêque de Fréjus. Jusqu'à la Révolution, l'évêque de Fréjus est le seigneur temporel du village.
La position du lieu en hauteur favorise la construction d'un château fort et d'une enceinte. Le château sera détruit pendant les guerres de religion.
En 1886, la commune ajoute la mention « sur-Argens » pour se différencier de Puget-Ville.

Aujourd'hui : église Saint-Jacques-le-Majeur, XVIème. De beaux retables à l'intérieur.
Ruines de la chapelle romane Sainte-Philomène.
Porte-beffroi des anciens remparts, surmontée d'un campanile de 1775.
Fontaines.
Office de tourisme.

Industrie ou activités : un hôtel, gîtes et chambres d'hôtes. Sa proximité avec Fréjus, Saint-Raphaël et l'autoroute ont fait évoluer l'économie de Puget. Aujourd'hui, plus de 770 entreprises sont implantées sur la commune, réparties dans des secteurs très variés. Sa population a d'ailleurs quadruplé en 60 ans.

Armoiries : d'or à un cœur de gueules, sommé d'une croix de sable, au pied fiché dans le cœur.

Cours d'eau : l'Argens et quelques ruisseaux (du Réal..).

Manifestations : festival du Mas des Escaravatiers, théâtre, cinéma, musique…

Divers : tous types de structures sportives et culturelles. Randonnées, parcours VTT.

---

1 : Puget-sur-Argens, début XXème.
2 : Puget-sur-Argens, début XXème.
3 : Puget-sur-Argens, début XXème.

PUGET-VILLE

Les Pugetois.
Code postal : 83390.
Canton de Cuers.
Superficie : 3683 ha.
Altitude : 87 à 572 m.
Population : 1982 : 2115 h. 2013 : 3872 h.

Autrefois : Le vieux Puget est déjà mentionné en 1060, dans une charte de l'abbaye Saint-Victor de Marseille. En 1587, 247 habitants y habitaient, contre seulement 14 en 1752. Peu à peu, les habitants sont descendus s'installer en plaine.

Le bourg a connu plusieurs dénominations, Poietum en 1060, Pugetum en 1352, Puget en 1545, Poget en 1575, Puget les Crottes en 1790, le Puget de Cuers en 1840, puis l'actuelle depuis 1867.

Le beffroi, construit vers 1762, fut détruit au milieu du XIXème.

Plusieurs moulins à huile existaient sur le territoire.

Aujourd'hui : église Notre-Dame de l'Immaculée-Conception, milieu XIXème.

Chapelle Sainte-Philomène, XIIème et XIIIème, église de l'ancien village.

Chapelle Saint-Louis, 1667.

Ruines de la chapelle de Saint-Adrien, fondée en 1710.

Ruines de la chapelle Saint-Laurent, romane, agrandie en 1634.

Quelques vestiges de l'ancien château de la Haute-Ville, édifié au XIVème et fortifié par la suite.

Tour du Faucon, XIIème, appelée aussi tour Sarrasine.

Clocher de l'ancienne chapelle Saint-Sidoine, en partie XVIIème et XVIIIème, origine plus ancienne.

Fontaines et lavoirs, dont la fontaine de la Place de la Liberté, érigée en 1822.

Maisons et fermes anciennes, et moulins réhabilités en habitations.

Office de tourisme.

Industrie ou activités : viticulture et huile d'olive. Domaines viticoles. Gîtes et chambres d'hôtes. Commerces et services de proximité.

Armoiries : d'argent à une tour de gueules en abîme ; à la pointe, une fasce d'or avec ces mots : puget-ville en caractère de sable.

Cours d'eau : le Grand Vallat. Le Réal Martin.

---

1 : Puget-Ville, début XXème.
2 : Puget-Ville, début XXème.
3 : Puget-Ville, début XXème.

Jumelage : avec Roccaforte Mondovi en Italie et Aleksandrow Lodzki en Pologne.
Manifestations : les Campagnardes en mai, salon des peintres provençaux en juin, forie aux santons en décembre...
Divers : sentiers de randonnée, dont le GR 51 et le GR 9..
Principaux hameaux : La Foux. La Ruol. Le Canadel. Le Mas de Brun.

RAMATUELLE

Les Ramatuellois.
Code postal : 83350.
Canton de Saint-Tropez.
Superficie : 3557 ha.
Altitude : 0 à 324 m.
Population : 1982 : 1762 h. 2013 : 2226 h.
Autrefois : la découverte de nombreux vestiges (pointes de silex…) prouve une présence humaine dès l'époque préhistorique.
De nombreuses épaves sous-marines datant de la colonisation romaine ont été retrouvées, ainsi que des poteries et des traces de grandes fermes sur les terres.
Une première motte castrale a existé au quartier de l'Oumède, au lieu-dit *Ville-vielli* entre le Xème et le XIIème. Il s'agit probablement du premier village de Ramatuelle, dont il est fait mention pour la première fois en 1055, dans une charte de l'abbaye Saint-Victor de Marseille.
Aujourd'hui : village bâti sur un contrefort de la colline de Paillas, les maisons s'enroulent le long d'un plan circulaire, tout en gardant son aspect pittoresque, avec ses ruelles sinueuses, ses passages voûtés…
Eglise Notre-Dame, construite à la fin du XVIème, adossée aux anciens remparts, portail 1620. Le clocher est probablement une ancienne tour de guet.
Chapelle Sainte-Anne, XVIème, seule des quatre anciennes chapelles à avoir été épargnée, restaurée dans les années 1960.
Oratoire de Saint-André.
Château Volterra, début XXème.
Château de Pampelonne, vers 1830, ancienne bastide.

---

1 : Ramatuelle, début XXème.
2 : Ramatuelle, début XXème.
3 : Ramatuelle, début XXème.

Château de Saint-Amé, et son vaste parc.
La porte sarrazine, a gardé son aspect d'origine du XVIème.
Dolmen du Cap Taillat.
Un moulin à vent, rénové avec ses ailes en bois, sa meule... Il est le seul des cinq moulins de Paillas, construits entre le XVIème et le XIXème, aujourd'hui en ruines.
Quelques traces encore visibles des anciennes murailles.
Phare de Camarat, 1831.
Une fontaine sur la place principale.
Anciennes prisons, construites sous Napoléon III.
Mémorial des Anciens des Services Spéciaux de la Défense Nationale, inauguré en 1959, en souvenir des membres des services spéciaux durant la Seconde Guerre mondiale.
Le syndicat d'initiative est installé dans une maison antérieure à 1809.

Industrie ou activités : la vigne et le tourisme sont les deux activités phare de la commune. Artisanat d'art. Un parc d'activités. Campings, hôtels, gîtes et chambres d'hôtes.

Personnages : - Michel Berger (Neuilly-sur-Seine 1947 – Ramatuelle 1992), pianiste et auteur-compositeur.
- Gérard Philipe (1922 – 1959). Acteur de cinéma français, il est enterré à Ramatuelle avec son épouse.
- De nombreuses autres personnalités ont séjourné à Ramatuelle, où ils trouvaient leur inspiration.

Armoiries : d'or à l'arbre arraché de sinople surmonté d'une étoile du même.

Jumelage : avec Samatan dans le Gers.

Manifestations : festival de Ramatuelle, théâtre, musique classique, variété, jazz...

Divers : bourg situé sur le littoral, avec plus de 20 Km de linéaire côtier, dont la célèbre plage de Pampelonne, longue de 5 Km. Sentiers de randonnée. Plongée sous-marine.

---

1 : Ramatuelle, début XXème.
2 : Ramatuelle, début XXème.
3 : Ramatuelle, début XXème.
4 : Ramatuelle, début XXème.

RAYOL-CANADEL-SUR-MER

Les Rayolais-Canadeliens.
Code postal : 83820.
Canton de Saint-Tropez.
Superficie : 683 ha.
Altitude : 0 à 494 m.
Population : 1982 : 868 h. 2006 : 583 h.

Autrefois : la station climatique et balnéaire du Rayol fut créée à partir de l'extension de la commune de la Môle en 1925. D'importants travaux furent réalisés, des routes, des jardins, des hôtels, la jetée de la plage, un petit port de plaisance...

Aujourd'hui : le bourg s'étend dans un cirque naturel doté d'une végétation tout en couleurs, surplombant un littoral formé de criques et de baies.
Eglise Sainte-Thérèse, achevée en 1932.
Chapelle du Canadel, 1962.
Un escalier monumental, réalisé entre 1925 et 1930, afin de donner un accès direct à la mer, depuis les habitations.
Monument à la mémoire des morts des commandos d'Afrique, débarqués le 4 août 1944.
Domaine du Rayol, voyage au cœur des paysages méditerranéens, un des plus beaux jardins de Côte-d'Azur.
Office de tourisme.

Industrie ou activités : quelques commerces et services de proximité. Hôtels, gîtes et chambres d'hôtes... Deux marchés hebdomadaires en été.

Armoiries : d'azur au soleil d'or mouvant de la pointe, aux neuf rayons convergeant vers la pointe et s'élargissant vers le chef, au croissant cousu de gueules posé sur le soleil, figurant la coque d'une nef contournée avec une voile du même chargée d'une étoile aussi d'or, au chef cousu de sinople chargé de trois écureuils assis d'or.

Divers : un jardin botanique. Village du littoral, avec trois plages. Une table d'orientation au col du Canadel. Un sentier marin.

---

1 : Rayol-Canadel, début XXème.
2 : Rayol-canadel, début XXème.

RÉGUSSE

Les Régussois.
Code postal : 83630.
Canton de Tavernes.
Superficie : 3530 ha.
Altitude : 360 à 932 m.
Population : 1982 : 482 h. 2013 : 2156 h.

Autrefois : les Romains s'implantèrent sur un site celto-ligure bâti sur un mamelon rocheux.

Au XIIIème, les Templiers, premiers possesseurs du territoire, construisent un château, véritable forteresse entourée de meurtrières.

Puis, les terres passent aux Hospitaliers de Saint-Jean, puis à la famille des Castellane, à celle des Albert, et à Michel de Grimaldi en 1613.

Le castrum de Contellars est mentionné au XIIIème. Le territoire fut rattaché à la commune de Régusse en 1840.

Aujourd'hui : église Notre-Dame de la Miséricorde, origine XIIème, remaniée par la suite, et son clocher en tuiles vernissées daté de 1676.

Chapelle Villeneuve, XIIème.
Chapelle Saint-Jean, XIIème.
Nombreux oratoires.
Tour de l'horloge, XVIème, et son campanile érigé au XVIIIème.
Ruines du château des templiers.
Vestiges des remparts.
Deux moulins à vent restaurés, des XVème et XVIIème, dont un est en état de marche et l'autre qui abrite un musée d'outils agricoles, inscrits à l'inventaire des Monuments Historiques.
Office de tourisme.

Industrie ou activités : un camping, gîtes et chambres d'hôtes.

Armoiries : losangé d'argent et de gueules.

Manifestations : expositions et concerts. Fête des moulins.

Divers : commune située à proximité des gorges du Verdon et du lac de Sainte-Croix. Sentiers de randonnée. Sports d'eau vive. Parcours VTT.

Hameau : Villeneuve.

Régusse (Var) - Vue Générale

RÉGUSSE (Var) - Hotel de la Poste sur le Cours

Edit. Martin, Tabac
RÉGUSSE (Var) — La Grand'Rue

RÉGUSSE (Var). - Place de la Mairie

1 : Régusse, début XXème.
2 : Régusse, début XXème.
3 : Régusse, début XXème.
4 : Régusse, début XXème.

LE REVEST-LES-EAUX

Les Revestois.
Code postal : 83200.
Canton de La Valette-du-Var.
Superficie : 2407 ha.
Altitude : 50 à 804 m.
Population : 1982 : 2055 h. 2006 : 3677 h.
Autrefois : le castrum de Turriz, mentionné dès le XIIème, fut peu à peu abandonné au cours du XIVème, au profit de La Valette. Son territoire fut alors partagé entre Le Revest et La Valette.
Aujourd'hui : église Saint-Christophe, XVIIème.
Château, XVIème, flanqué de deux tours en poivrière.
Une tour médiévale, aussi appelée tour sarrazine.
Musée d'arts sacré et oriental.
Office de tourisme.
Industrie ou activités : gîtes et chambres d'hôtes. Tous commerces et services. Artisans d'art.
Armoiries : d'azur aux six étoiles d'or ordonnées 3, 2 et 1.
Cours d'eau : le Ragas. Le Las.
Manifestations : les balades gourmandes, à la Pentecôte. Tous les deux ans, biennale de peinture, avec présence de nombreux peintres.
Divers : sentiers de randonnée. Barrage et lac du Revest.
Hameau : Dardennes.

1 : Le Revest, début XXème.
2 : Le Revest, début XXème.
3 : Le Revest, début XXème.

RIANS — Posteuil et Greniers publics

Vve Abel édit.

5. RIANS (Var) — Avenue de la Gare

RIANS

Les Riansais.
Code postal : 83560.
Chef-lieu de canton.
Superficie : 9687 ha.
Altitude : 291 à 651 m.
Population : 1967 : 1490 h. 2013 : 4500 h.

Autrefois : occupation du site dès l'époque préhistorique. Puis des oppida furent érigés par les Celto-Ligures, et des villas romaines.

Au Moyen-Âge, le castrum de Rians s'installe sur un promontoire, et fut un point stratégique pour surveiller ce lieu de passage.

Arrivée du chemin de fer à la fin du XIXème, supprimé dans les années 1950.

Aujourd'hui : bourg construit en colimaçon au pied de la tour de l'horloge.

Eglise Notre-Dame de Nazareth, XIXème.

Chapelle Saint-Estève, XIème, sur les vestiges d'une villa gallo-romaine.

Plusieurs oratoires.

Vestiges d'oppidums et d'une villa gallo-romaine.

La tour de l'horloge est le donjon de l'ancien château fort. Elle est surmontée d'un campanile.

Les remparts sont encore bien visibles à certains endroits.

Porte du Portail et Porte Saint-Jean.

Halle aux grains, XVème, agrandi plusieurs fois.

Plusieurs fontaines.

Office de tourisme.

Industrie ou activités : tous commerces et services. Gîtes et chambres d'hôtes. Viticulture, plusieurs caves. Production de lavandin, d'olives et d'amandes.

Armoiries : d'or à un lion de sable, surmonté d'un lambel à trois pendants de gueules.

Manifestations : expositions à l'office de tourisme.

Divers : territoire boisée. Sentiers de randonnée.

---

1 : Rians, début XXème.
2 : Rians, début XXème.
3 : Rians, début XXème.

RIBOUX

Les Ribousiens.
Code postal : 13780.
Canton du Beausset.
Superficie : 1348 ha.
Altitude : 411 à 1001 m.
Population : 1765 : 60 h. 1982 : 6 h. 2005 : 35 h.

Autrefois : « Ribols » ou « Ribuls » est qualifié de villa en 984.

Le réalisateur Claude Berry a tourné plusieurs de ses scènes dans les collines de Riboux, notamment pour *Jean de Florette* et *Manon des Sources*.

Aujourd'hui : église Sainte-Agathe, XVIIème, construite à l'emplacement d'un édifice plus ancien.

Activités : huile d'olive.

Divers : point de départ de randonnées. Village isolé au milieu de 1300 hectares de forêt et de collines calcaires.

ROCBARON

Les Rocbaronnais.
Code postal : 83136.
Canton de La Roquebrussanne.
Superficie : 2028 ha.
Altitude : 272 à 592 m.
Population : 1858 : 266 h. 1895 : 194 h. 1982 : 778 h . 2010 : 3523 h. 2013 : 3671 h.

Autrefois : Rocbaron est un site occupé dès la fin du Néolithique, comme nous le signale la grotte sépulcrale de Théméré. Quelques vestiges témoignent d'un habitat perché entre les Vème et Ier siècles av. JC. Dans la plaine, des traces de villas ont été décelées.

C'est à l'époque médiévale que le village est appelé Rochbaron car le château Saint-Sauveur (Xème-XIème), perché sur une colline, appartient au baron Guillaume dit « le libérateur ». On suppose que le château a été abandonné quand le château de Forcalqueiret, situé trois kilomètres plus loin, est devenu le siège de la seigneurie compre-nant Rocbaron, Forcalqueiret et Sainte-Anastasie.

Les deux châteaux communiquent d'ailleurs directement à vue. Le château de Rocbaron a ainsi pu servir d'avant-poste à celui de Forcalqueiret. On pense que son démantèlement a commencé au moment de la construction du grand logis du Castellas de Forcalqueiret, au début du XVème.

Le village actuel s'est certainement développé dès le XVIIIème.

Un texte diocésain de 997 rapporte l'existence d'une chapelle sur le territoire de Rocbaron.

Les ruines de la chapelle Saint-Sauveur semblent assez récentes mais il se peut que cet édifice se dresse lui-même sur les ruines ou à proximité d'un lieu de culte plus ancien.

Sur la place de l'église, la fontaine monumentale était jusqu'à la seconde moitié du XXème siècle munie d'une pompe à bras et prolongée par un lavoir.

Aujourd'hui : église de Rocbaron XVIIIème. L'année 1735, inscrite au-dessus de sa porte, renvoie probablement à sa date de construction.

Ruines du Château Saint-Sauveur et de sa chapelle en contrebas, beau point de vue.

---

1 : Riboux, 2013.
2 : Rocbaron, début XXème.
3 : Rocbaron, début XXème.

Fontaine de Rico.
La présence de cinq puits et leur proximité méritent une attention particulière. Prétendus romains par la tradition orale, ils seraient en fait contem-porains du développement du village.
Leur nombre s'expliquerait par la nécessité de domestiquer une eau qui se fait rare. Pour capter et drainer cette eau, une galerie construite en sous-sol, mène à chacun des puits. Une citerne voûtée qui récupère les eaux de pluie se trouve également sous les pieds. Grâce à des canalisations en terre cuite, cette citerne alimentait le puits et la fontaine de la place de l'église, qui se situe en contrebas
Beffroi XVIIIème.
Industrie ou activités : gîtes et chambres d'hôtes. Chèvrerie. Tous commerces et services, ZAC du Fray Redon.
Armoiries : d'azur à la vigne feuillée et fruitée au naturel, chapé ployé d'argent, une couronne de baron d'or perlée aussi d'argent enfilée brochant sur les traits du chapé.
Cours d'eau : vallons de la Pességuière et de la Verrerie.
Manifestations : marché de Printemps en mai. Fête patronale de la Saint-Sauveur le dernier week-end de juillet. Festival d'astronomie en août. Marché de Noël en décembre. Vide-greniers en avril et en août
Divers : sentiers de randonnée.

LA ROQUE-ESCLAPON

Les Roquois.
Code postal : 83840.
Canton de Comps-sur-Artuby.
Superficie : 2698 ha.
Altitude : 904 à 1700 m.
Population : 1982 : 136 h. 2009 : 239 h. 2013 : 277 h.
Autrefois : au XIIIème, les Hospitaliers possédaient des droits sur le château de l'ancien village.
Le village primitif se trouvait sur le rocher de Sainte-Madeleine.
Aujourd'hui : église Sainte-Marguerite, 1860.
Chapelle Notre-Dame, romane.
Ruines de l'ancien castrum, érigé au XIème et rasé lors des

1 : La Roque-Esclapon, 1955.
2 et 3 : La Roque-Esclapon, début XXème.

guerres de religion.
Industrie ou activités : camping, gîte communal, piscine, tennis, centre de vacances... Culture de la pomme de terre et élevage d'ovins.
Armoiries : de gueules au rocher d'argent
Cours d'eau : la Bruyère.
Manifestations : fête patronale fin août. Fête de la patate le troisième week-end de septembre.
Divers : bourg à proximité des gorges du Verdon et de la route Napoléon.
Principaux hameaux : Moutet. Valentin.

ROQUEBRUNE-SUR-ARGENS

Les Roquebrunois.
Code postal : 83520 - 83380.
Canton du Muy.
Superficie : 10700 ha.
Altitude : 0 à 482 m.
Population : 1800 : 1778 h. 1896 : 1798 h. 1931 : 2145 h. 1982 : 6301 h. 2012 : 11.451 h.
Autrefois : occupation du territoire à l'époque préhistorique (dolmen).
Voie romaine.
L'histoire du village commence autour de l'an 1000, autour d'un Castrum. Puis le village, entouré d'une muraille, s'agrandit autour de l'église et du beffroi.
Au XVème, les habitations commencent à s'étendre hors des fortifications.
Aujourd'hui : le bourg a gardé son caractère médiéval, avec ses maisons à arcades (rue des Portiques), ses ruelles sinueuses, ses places... Bourg divisé en trois parties, la Bouverie au nord, le village médiéval à l'intérieur des terres, et les Issambres sur le littoral.
Eglise Saint-Pierre et Saint-Paul, XVIème.
Chapelle Saint-Pierre, XIème, ancienne chapelle templière.
Chapelle Saint-Michel, dans l'enceinte de la vielle ville.
Tour de l'horloge, XVIème.
Le Portalet, ancienne porte d'entrée reconstruite après sa destruction lors des guerres de religion.

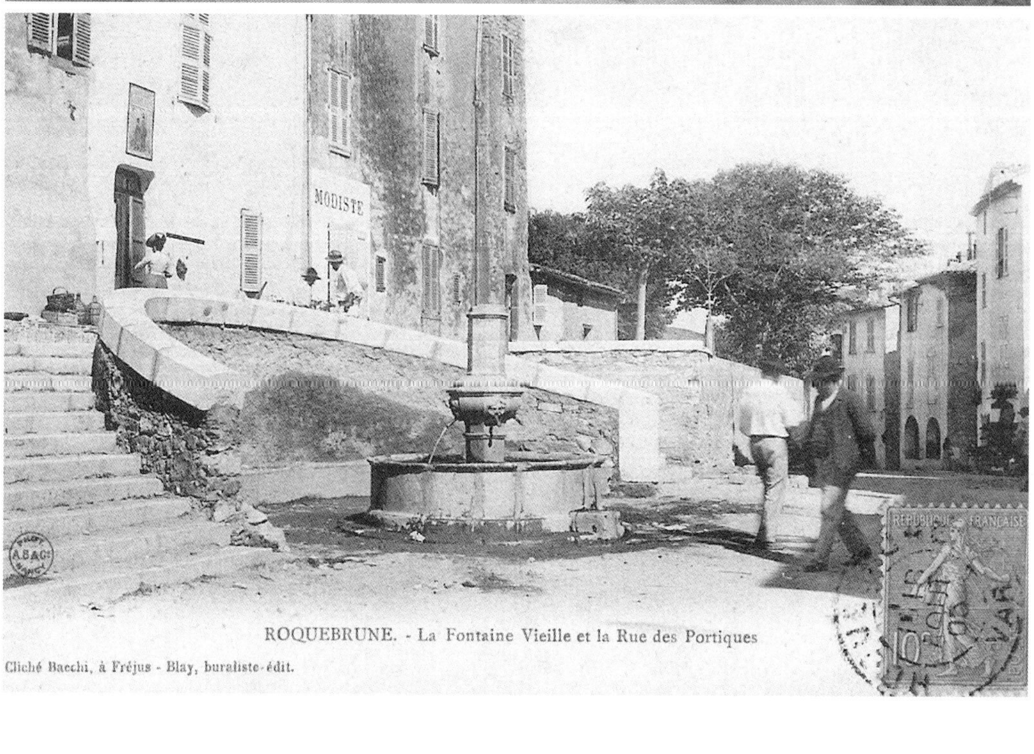

1 : Roquebrune, début XXème.
2 : Roquebrune, début XXème.
3 : Roquebrune, début XXème.

ROQUEBRUNE. - Vue générale

2. ROQUEBRUNE (Var) — Rue des Portiques

Tour Anfred, vestige des remparts.

Aqueduc des 25 ponts, construit au XVIIIème pour alimenter en eau le village.

Dolmen de la Gaillarde-sur-Mer.

Fontaine Vieille, 1780.

Fontaine Neuve et lavoir, situés en face la mairie.

Office de tourisme et Maison du Patrimoine.

Maison du Chocolat, dans l'ancienne chapelle Saint-Jacques.

Industrie ou activités : tous commerces, services et artisans. Station balnéaire du quartier des Issambres. Activités liées au tourisme, nombreux gîtes, hôtels et chambres d'hôtes. Galeries d'art. Viticulture. Deux zones d'activités.

Armoiries : d'or à deux rochers de sable à côté l'un de l'autre.

Cours d'eau : le Blavet et ses gorges. L'Argens.

Jumelage : commune de La Pêche au Canada.

Manifestations : fête du nautisme en mai. Fête du miel en octobre. Randonnée des Lucioles.

Divers : activités nautiques, plongée sous-marine... Plus de 8 Km de plages et de criques. Un golf et un club équestre. Village fleuri, quatre fleurs. Sentiers de randonnée. Rocher de Roquebrune, rocher de grès rouge aux formes chaotiques, où grottes et falaises se succèdent.

La Roquebrussanne (Var) L'Hôtel de Ville

La Roquebrussanne (Var) - Place de la Fontaine

LA ROQUEBRUSSANNE

Les Roquiers.

Code postal : 83136.

Chef-lieu de canton.

Superficie : 3705 ha.

Altitude : 311 à 827 m.

Population : 1982 : 809 h. 2006 : 2061 h. 2013 : 2366 environ.

Autrefois : occupation du site dès l'époque préhistorique (grottes, oppida...).

Plusieurs villas gallo-romaines ont également été recensées.

La première mention du bourg castral de la Roquebrussanne date du XIIème.

---

1 : Roquebrune, début XXème.
2 : Roquebrune, début XXème.
3 et 4 : La Roquebrussanne, début XXème.

Aujourd'hui : église Saint-Sauveur, XVème. A l'intérieur, bénitiers du XVIème.
Chapelle Notre-Dame d'Inspiration, au bout d'un chemin ponctué d'oratoires. Il s'agit de l'ancienne l'église du castrum médiéval.
Chapelle Saint-Louis, XVIIIème, au hameau des Molières.
Le hameau des Molières, abandonné, a fait l'objet d'une importante restauration.
Tour de l'horloge, datée de 1616.
Un ancien moulin à huile, lieu dédié aux artisans et artistes.
Au sommet de la colline où se trouve la chapelle Notre-Dame, quelques pans de mur subsistent de l'ancien château féodal, détruit en 1707.
Un amphithéâtre de plein air.
Nombreux vestiges archéologiques, dont une ferme gallo-romaine, qui se visite.
Plusieurs petits ponts, dits « romains », permettent d'accéder à des jardins.
Plusieurs fontaines et lavoirs.
Jardin d'Elie, jardin méditerranéen.
Office de tourisme.
Industrie ou activités : commerces et services de proximité. Gîtes et chambres d'hôtes. Plusieurs artisans et artistes, dont un archéo-potier. Marché le samedi matin. Viticulture, plusieurs caves.
Cours d'eau : l'Issole.
Divers : sentiers de randonnée, notamment vers le sommet de la Loube, massif forestier avec de nombreuses dolomites, de ravins, d'avens et de vallons. Table d'orientation. Lacs du Grand et du Petit Laoutien, situés au fond d'un cratère d'effondrement. Plateau d'Agnis.

1 : La Roquebrussanne, début XXème.
2 : La Roquebrussanne, début XXème.
3 : La Roquebrussanne, début XXème.

ROUGIERS

Les Rougiérois.
Code postal : 83170.
Canton de Saint-Maximin-la-Sainte-Baume.
Superficie : 2053 ha.
Altitude : 309 à 741 m.
Population : 1982 : 646 h. 2013 : 1505 h.

Autrefois : au IIème siècle avant Jésus-Christ, construction d'un oppidum sur le promontoire rocheux du Piégu, protégé par un rempart.

Un castrum apparaît dans les années 1040 à l'occasion de la donation, par le vicomte Fouque et sa femme Odile, de la moitié de leurs droits à l'abbaye Saint-Victor de Marseille. Ce castrum fut détruit au XIIème.

Un nouveau castrum, entouré d'une imposante muraille est reconstruit à la fin du XIIème sur la crête de Saint-Jean. Le site est peu à peu délaissé à la fin du XIIIème car les habitants s'installent dans la plaine pour y cultiver leurs récoltes.

Le site de Saint-Jean est abandonné au début du XVème. Une nouvelle agglomération voit le jour à l'emplacement du village actuel. Une nouvelle église est alors construite (actuelle place de l'horloge), puis une autre en 1759.

Aujourd'hui : église Saint-Sébastien, construite en 1740.
Chapelle Saint-Jean, édifiée au milieu des ruines du castrum en 1860.
Tour de l'horloge, édifiée vers 1778.
Château de la Riperte.
Vestiges de l'ancien village médiéval bâti sur la colline, parmi les plus beaux de Provence.
Exposition des fouilles du castrum Saint-Jean.
Maisons Renaissance.

Industrie ou activités : village entouré de vignes. Un gîte.

Armoiries : d'argent au rouget de gueules posé en pal.

Cours d'eau : le Cauron.

Manifestation : fête des pois chiches en septembre.

Divers : sentiers de randonnée, notamment vers le massif de la Sainte-Baume.

1 : Rougiers, début XXème.
2 : Rougiers, début XXème.
3 : Rougiers, début XXème.

SAINT-ANTONIN-DU-VAR

Les Antonais.
Code postal : 83510.
Canton de Cotignac.
Superficie : 1764 ha.
Altitude : 95 à 396 m.
Population : 1982 : 365 h. 2007 : 616 h. 2013 : 718 h.

Autrefois : découverte de vestiges templiers.
Plus jeune commune du Var puisqu'elle fut créée en 1954. Avant cette date, il s'agissait d'un hameau d'Entrecasteaux.

Aujourd'hui : église Notre-Dame de l'Assomption, origine XIème, restaurée et modifiée au fil des siècles. Elle fut construite sur un ancien prieuré.
Plusieurs châteaux, de Salgues, du Clos, de Mentone…

Industrie ou activités : quelques commerces de proximité. Chambres et tables d'hôtes.

Armoiries : de gueules au pal d'or, à la mitre d'argent brochant sur le tout, accompagnée, au canton dextre du chef, d'une grappe de raisin tigée et feuillée du même et, au canton senestre du chef, d'un écusson aussi d'argent à la croix alésée pattée de gueules.

Cours d'eau : vallon de Sargles.

Manifestation : fête du village le dernier week-end de juillet.

Divers : randonnées pédestres, à cheval et à vélo.

St-Antonin (Var)
Le Café

St-Antonin (Var) — La Boulangerie

SAINT-CYR-SUR-MER

Les Saint-Cyriens.
Code postal : 83270.
Canton du Beausset.
Superficie : 2115 ha.
Altitude : 0 à 254 m.
Population : 1831 : 1768 h. 1896 : 1831 h. 1936 : 2520 h. 1982 : 5685 h. 2010 : 11.819 h. 2013 : 11972 h.

Autrefois : la découverte de silex de l'époque préhistorique, atteste une présence ancienne sur le territoire.
Intense activité à l'époque romaine.
Saint-Cyr-sur-Mer est devenue une commune indépendante en 1825, se détachant de La Cadière-d'Azur.

SAINT-CYR (Var). — Vue Générale.

---

1 : Saint-Antonin, début XXème.
2 : Saint-Antonin, début XXème.
3 : Saint-Cyr, début XXème.

La station balnéaire des Lecques s'est formée dans les années 1920.

Aujourd'hui : église Saint-Cyr et Sainte-Julitte, reconstruite vers 1865.

Chapelle des Lecques, XVIIIème.

Vestiges archéologiques, notamment d'une villa gallo-romaine.

Musée Tauroentum, construit sur les vestiges d'une villa du 1er siècle, résultats de fouilles locales.

Centre d'Art Sébastien, exposition permanente de peintures, dessins, céramiques, expositions temporaires...

Statue de la Liberté, réplique authentique de la véritable statue new-yorkaise, signée Bartholdi, et installée en 1903. Il en existe quatre en France.

Industrie ou activités : plusieurs marchés hebdomadaires. Tous types de commerces et de services. En tant que station balnéaire, les activités sont liées au tourisme. Campings, hôtels, gîtes, chambres d'hôtes... Culture de fruits et de légumes. Viticulture, Côtes de Provence AOC Bandol. Trois ports de plaisance.

Personnage : le chanteur et guitariste Henri Salvador est décédé dans sa maison secondaire de Saint-Cyr en 2008, à l'âge de 90 ans.

Armoiries : de gueules au pal d'or, à la mitre d'argent brochant sur le tout, accompagnée, au canton dextre du chef, d'une grappe de raisin tigée et feuillée du même et, au canton senestre du chef, d'un écusson aussi d'argent à la croix alésée pattée de gueules.

Jumelage : avec Denzlingen en Allemagne et Città Della Pieve en Italie.

Divers : ville fleurie, trois fleurs. Plusieurs plages et calanques, notamment les plages des Lecques et de la Madrague. Activités nautiques, plongée sous-marine... Sentiers de randonnée, dont le sentier du littoral. Golf. Un parc aquatique.

---

1 : Saint-Cyr, début XXème.
2 : Saint-Cyr, début XXème.
3 : Saint-Cyr, début XXème.

SAINT-JULIEN

Ou Saint-Julien le Montagnier.
Les Saint-Juliennois.
Code postal : 83560.
Canton de Rians.
Superficie : 7588 ha.
Altitude : 297 à 596 m.
Population : 1982 : 825 h. 2006 : 1625 h. 2012 : 2004 h.

Autrefois : le vieux village situé sur la colline a été délaissé à partir du XIXème au profit du hameau Saint-Pierre, situé dans la plaine, et de 27 hameaux situés sur l'ensemble du territoire communal.

Aujourd'hui : église XIIème.
Vieux village bâti au sommet d'une colline, qui possède encore de vieilles maisons et des vestiges de son château féodal.
Chapelle de l'Annonciade, sur le plateau.
Porte de l'enceinte du XIIème, seul témoin de l'ancienne place forte, ainsi qu'une partie de ses fortifications.
Deux moulins à vent sur le plateau, près de l'ancien village, restaurés.

Industrie ou activités : commerces et services. Gîtes et chambres d'hôtes. Agriculture.

Armoiries : de gueules à la tour crénelée de cinq pièces, ouverte de sable, donjonnée de trois tourelles, le tout d'or, ajouré aussi de sable, posée sur un rocher d'argent mouvant de la pointe.

Cours d'eau : le Verdon. Le Malaurie.

Jumelage : avec Terdobbiate en Italie.

Manifestations : fête des moissons d'antan le deuxième dimanche d'août, fête votive le week-end après le 15 août, marché de noël début décembre.

Divers : commune du parc Naturel Régional du Verdon. Sentiers de randonnée. Parcours VTT. Table d'orientation.

Principaux hameaux : Saint-Pierre. Vieux Village. Les Rouvières.

1 : Saint-Julien, début XXème.
2 : Saint-Julien, début XXème.
3 : Saint-Julien, début XXème.

SAINT-MANDRIER-SUR-MER

Les Mandréens ou Saint-Mandriérins.
Code postal : 83430.
Chef-lieu de canton.
Superficie : 512 ha.
Altitude : 0 à 124 m.
Population : 1954 : 4327 h. 1982 : 4946 h. 2010 : 5750 h.

Autrefois : à l'origine, la presqu'île de Saint-Mandrier, était formée de trois îles rapprochées devenues au cours des siècles, « l'Isle de Sépet ». Elles ont vu passer les Phéniciens, les Rhodiens, les Ligures, les Celto-Ligures, les Massadiens puis les Romains.

Avec la formation de l'isthme des Sablettes, au XVIIème, la presqu'île se forma par l'accumulation de sable due aux courants marins. Le village prend alors forme et devient une section importante de la commune de La Seyne.

Au XIXème, de grands travaux sont réalisés, construction de forts et batteries, de l'hôpital maritime et de sa chapelle, du sémaphore...

Au début du XXème, les écoles et établissements de la Marine se développent, le GEM, l'Ecole de pongée, les commandos Hubert...

Saint-Mandrier devient une commune indépendante en 1950.

Le jardin botanique de la Marine, implanté à Saint-Mandrier en 1850, a été transféré à Toulon.

Aujourd'hui : église XIXème.

Chapelle Saint-Louis ou chapelle dite des Mécaniciens, XIXème. Lorsqu'en 1937, l'hôpital fut remplacé par l'école des mécaniciens de la Marine, la chapelle fut surnommée « chapelle des mécaniciens ».

Phare du Cap Cépet, XIXème et XXème.

Mausolée Latouche-Tréville.

Un cimetière militaire franco-italien.

Fortin de la Coudoulière.

Office de tourisme.

Industrie ou activités : activités liées au tourisme et à la plaisance. Huile d'olive. Plusieurs établissements de la Marine Nationale (Centre d'instruction Naval, école des mécaniciens, école de plongée...).

1 : Saint-Mandrier, début XXème.
2 : Saint-Mandrier, début XXème.

Personnage : Louis-René-Madeleine Le Vassor de La Touche, comte de Tréville dit « Latouche-Tréville » (Rochefort 1745 – rade de Toulon 1804). Officier de marine français du XVIIIème. Il est inhumé dans un mausolée à Saint-Mandrier.
Armoiries : taillé de gueules et d'azur à la lance d'or posée en barre brochant sur la partition, chargée en cœur d'un casque romain du même, accompagnée en chef de deux poissons d'argent contre-nageant et nageant l'un sur l'autre et en pointe d'une ancre de marine du même.
Manifestations : tournois de joute provençale.
Divers : sentiers de randonnée, dont le sentier des douaniers. Plages de sable fin et criques. Points de vue, notamment sur la rade de Toulon. Nombreuses structures sportives et culturelles. Ville fleurie, une fleur. Activités nautiques, plongée sous-marine…

SAINT-MARTIN-DE-PALLIÈRES

Les Saint-Martinais.
Code postal : 83560.
Canton de Barjols.
Superficie : 2633 ha.
Altitude : 343 à 582 m.
Population : 1838 : 472 h. 1982 : 116 h. 2012 : 250 h.
Autrefois : traces anciennes d'occupation humaine. La grotte de la Glacière fut habitée vers 200 ans avant Jésus-Christ.
Au Moyen-Âge, les habitants se réfugièrent sur les hauteurs rocheuses, autour du château, afin de fuir les invasions.
Le château est mentionné dès le XIIIème, aménagé au XVIIème, endommagé à la Révolution, restauré vers 1820, agrandi plus tard. Le parc à la française, créé en 1734, fut le résultat d'importants travaux. Le château a appartenu aux plus grandes familles provençales.
Le village fut inhabité aux XVème et XVIème.
Au XIXème, la physionomie du bourg change, le château est agrandi, des lavoirs sont édifiés, la gare est créée…

1 : Saint-Mandrier, début XXème.
2 : Saint-Martin, début XXème.

Aujourd'hui : église construite au XVIIème. A l'intérieur, un retable en bois doré classé Monument Historique. Zone de protection du patrimoine architectural urbain et paysager.

Village médiéval perché, avec ses maisons blotties autour du château.

Tour de l'horloge, XIXème.

Château de Saint-Martin, XIIIème au XIXème, parc et citerne classés.

Le village a retrouvé son nom de Saint-Martin de Pallières par un décret du Premier Ministre, du 1er août 2012.

Armoiries : d'or au laurier de sinople, au chef d'azur chargé de trois étoiles du champ.

Manifestation : fête locale le premier dimanche de juillet.

Divers : label « village de caractère du Var ». Sentiers de randonnée, dont le GR 99.

SAINT-MAXIMIN-LA-SAINTE-BAUME

Les Saint-Maximinois.

Code postal : 83470.

Chef-lieu de canton.

Superficie : 6413 ha.

Altitude : 264 à 773 m.

Population : 1800 : 3717 h. 1896 : 2419 h. 1936 : 2411 h. 1982 : 5511h. 2010 : 14.505 h.

Autrefois : les peuplades celto-ligures, dans un souci de protection, construisent des places fortes, les oppida, sur des sommets faciles à isoler : le Défend et le Mont Aurélien.

A l'époque gallo-romaine, des cabanes de pierres celto-ligures naîtront de luxueuses villas et de grands ensembles agricoles disposés par les Romains tout autour de la plaine.

L'histoire écrite de Saint-Maximin commence en l'an mil.

L'église romane de Saint-Maximin est paroissiale et sera démolie au cours de la phase finale de construction de la Basilique.

Au XIIème, Raymond Bérenger 1er, comte catalan de Provence érige Saint-Maximin en ville comtale.

En 1246, après la mort du dernier comte Raymond Bérenger IV, la Provence revient à sa fille cadette qui épouse Charles ![er] d'Anjou, frère de Louis IX de France, dit Saint Louis.

1 : Saint-Maximin, début XXème.
2 : Saint-Maximin, début XXème.
3 : Saint-Maximin, début XXème.

Son fils, Charles II, afin de renforcer sa position en Provence, entreprend les recherches de reliques de M.M enfouis depuis l'an 710, de craintes d'éventuelles profanations par les tribus de Sarrazins qui envahissent la Provence au VIIIème siècle.

Après l'invention des reliques et avec l'autorisation du pape Boniface VIII, Charles II d'Anjou entreprend la construction d'une grande basilique et d'un couvent où il établit les frères prêcheurs dominicains.

Dès 1303, de nombreux Juifs, victimes de persécutions en France, s'établissent en Provence, attirés par les prodigalités commerciales de Charles II d'Anjou, et fondent une importante communauté à Saint-Maximin.

En 1481, après le règne du Roi René et de son neveu Charles du Maine, la Provence est définitivement rattachée au domaine royal de Louis XI.

Saint-Maximin devient une bourgade prospère, car c'est un des plus importants lieux de pèlerinage d'Europe.

Aujourd'hui : la basilique de Sainte-Marie-Madeleine, trésor architectural (vaste vaisseau à hauts contreforts, aux structures simples mais puissantes) est le plus grand édifice gothique du Sud-Est de la France. La nef principale est fermée par une haute muraille complètement aveugle ; c'est un travail inachevé.

Dans la crypte gallo-romaine, les reliques de Marie Madeleine, quatre sarcophages du IVème et du Vème et les dalles sculptées du VIème.

L'orgue historique, fut construit entre 1772 et1774, par Jean-Esprit Isnard .

Le couvent royal : sa construction ordonnée par Charles II d'Anjou, débute en 1295, au même moment que celle de la basilique.

Les Frères Dominicains de Saint Maximin sont exemptés de mendicité car le comte de Provence subvient à leurs besoins afin qu'ils se vouent entièrement au culte de Sainte Marie Madeleine.

Pendant la Révolution, les religieux sont expulsés.

En 1859, le Père Lacordaire rachète le couvent, et fait revenir les Frères Prêcheurs. Les Dominicains quittent définitivement les lieux en 1957.

Aujourd'hui ce monument accueille un hôtel-restaurant.

Hôtel de Ville, XVIIIème.

Hôtel Dieu, XVIIème, qui servait d'hospice et d'orphelinat.

La tour de l'horloge, avec l'une des plus anciennes cloches du Var XVème.

La Juiverie- Les arcades

Ancienne citerne (XIIème-XVIIème), devenue le musée Louis Rostan Maison L. Bonaparte.

L'Echauguette XVIème.

La place Malherbe, avec une fontaine monumentale (1817) qui commémore la fin des guerres napoléoniennes.

Le Jardin de l'Enclos, jardin privé des Dominicains.

Industrie ou activités : deux zones d'activités. Tous commerces et services. Domaines viticoles. Gîtes et chambres d'hôtes.

Armoiries : d'or à quatre pals de gueules, une fleur de lis d'argent brochant sur le tout au point d'honneur.

Cours d'eau : canal de Provence. Le Réal-Vieux. Le vallat d'Ollières.

Jumelage : avec San Vincenzo en Italie.

1 : Saint-Maximin, début XXème.
2 : Saint-Maximin, début XXème.
3 : Saint-Maximin, début XXème.
4 : Saint-Maximin, début XXème.

Manifestations : fête des sarments de la Saint Vincent - dernier dimanche de janvier. Foire médiévale de la Quinzaine, traditionnellement 15 jours après Pâques. Fêtes de Sainte Marie-Madeleine en juillet. Saison culturelle estivale (juillet-août). Récital d'orgues, tous les dimanches de mai jusqu'en octobre. Foire aux Santons le troisième week-end de novembre

Divers : Saint-Maximin se situe aux pieds du massif de la Sainte-Baume. Sentiers de randonnée, parcours VTT. Vélorail de la Sainte-Baume.

SAINT-PAUL-EN-FORÊT

Les Saintpaulois.
Code postal : 83440.
Canton de Fayence.
Superficie : 2026 ha.
Altitude : 172 à 471 m.
Population : 1881 : 451 h. 1931 : 197 h. 1982 : 578 h. 2006 : 1470 h.

Autrefois : découverte de haches de l'époque néolithique. Le village existait dans la première moitié du XIème.
Au Moyen-Âge, le bourg s'appelait Sanctus-Paulus-de-Gallina-Grassa, et Saint-Paul-en-Forêt depuis 1918. Il se détache de Fayence en 1824 pour devenir une commune indépendante.

Aujourd'hui : église Saint-Paul, XVIIIème.
Chapelle romane Saint-Joseph.
Lavoir de Pescaret.

Industrie ou activités : commerces et services de proximité. Un camping. Marché le lundi matin.

Divers : un centre équestre. Point de départ de nombreuses randonnées. Forêt Royale de Saint-Paul.

1 : Saint-Maximin, début XXème.
2 : Saint-Paul, début XXème.
3 : Saint-Paul, début XXème.

SAINT-RAPHAËL

Les Raphaëlois.
Code postal : 83700 - 83530.
Chef-lieu de canton.
Superficie : 8959 ha.
Altitude : 0 à 560 m.
Population : 1800 : 501 h. 1896 : 4270 h. 1931 : 9539 h. 1982 : 24118 h. 2011 : 34.600 h.

Autrefois : découverte d'outils de l'époque paléolithique dans l'Estérel, attestant une présence humaine fort ancienne, puis dolmens et menhirs confortent la théorie.

Le territoire n'échappe pas à la romanisation. Des exploitations agricoles s'implantent, spécialisées dans la culture des vignes et des oliviers. Dans la mer, de nombreuses épaves gallo-romaines ont été recensées, témoignant d'un intense commerce maritime.

Passage de la Via Aurelia.

Du Vème au VIIIème, les Barbares et les Sarrasins déferlent dans le pays, n'épargnant pas Saint-Raphaël. Avec la reconquête du territoire par Guillaume 1er, comte de Provence, le village se reconstruit parallèlement.

Dès l'Antiquité, Saint-Raphaël était un lieu de villégiature. Dès le début, la ville s'est opposée à sa voisine Fréjus, réputée pour son port militaire et son statut de comptoir commercial. Saint-Raphaël s'est rapidement placée comme station balnéaire réputée.

Sa véritable histoire débute au XIème, avec la mention de son église romane, construite sur le domaine épiscopal de Fréjus, transformé en castrum. En 1073, le bourg est cité sous le nom de Sanctus Raphaël.

Le village se fortifie autour de la demeure seigneuriale, puis s'agrandit autour de l'église devenue paroissiale. Les commerces se développent.

Au XIIIème, Saint-Raphaël était sous l'autorité de l'évêque de Fréjus, qui y réside ponctuellement.

Au cours du XVIIIème, la ville se tourne vers les activités de la mer et le port se développe à la fin du XIXème, avec le commerce maritime (exportation de bauxite, potoaux do minc, bouchons de liège...).

Le XIXème est aussi l'époque de la construction des villas, des hôtels, du casino (1881), d'un temple protestant, du phare d'Agay, de la basilique...

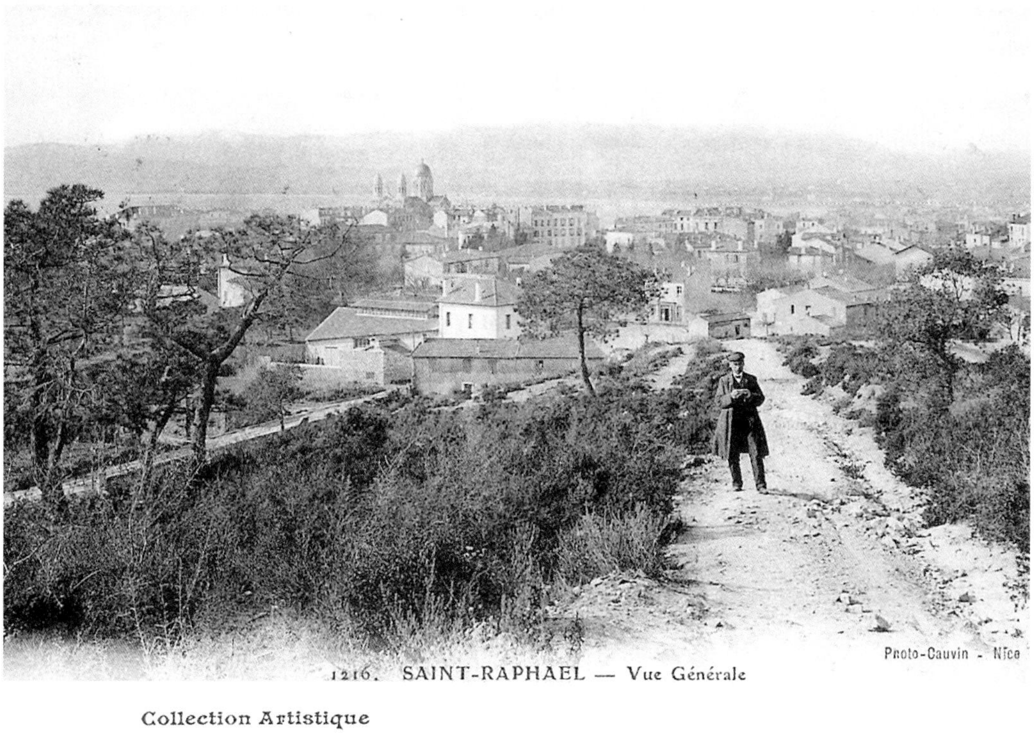

1 : Saint-Raphaël, début XXème.
2 : Saint-Raphaël, début XXème.
3 : Saint-Raphaël, début XXème.

Le titre de station balnéaire prend tout son sens, et le développement touristique est en marche. L'église Notre-Dame de la Victoire est édifiée.

Le 9 octobre 1799, Bonaparte, de retour de la campagne d'Égypte, débarqua triomphalement, avec ses généraux et des savant, à Saint-Raphaël. Une pyramide fut construite sur le port pour célébrer cet évènement. Clin d'œil de l'Histoire, c'est aussi de Saint-Raphaël qu'il embarqua, déchu, pour l'île d'Elbe le 28 avril 1814.

Pendant la Seconde Guerre mondiale, Saint-Raphaël, situé en zone libre, fut le site secondaire du Débarquement de Provence en 1944. La ville est libérée le soir du 15 août 1944.

Aujourd'hui : la vieille ville est toujours constituée de ruelles étroites et ombragées. On y trouve le presbytère transformé en musée et son église romane dite des Templiers, qui fut jusqu'au XIXème l'église paroissiale de Saint-Raphaël.

Basilique Notre-Dame de la Victoire, construite entre 1882 et 1889. Elle est la dernière église de France à avoir été élevée au rang de basilique par le pape Jean-Paul II, en 2004.

Eglise Notre-Dame du Sacré-Cœur à Agay.

Chapelle du Sacré-Cœur de Boulouris.

Chapelle Saint-Roch du Dramont, 1928.

Eglise Sainte-Bernadette à Valescure.

Eglise Notre-Dame de la Paix.

Chapelle de Tous-les-Saints à Valescure.

Une synagogue.

Une église apostolique arménienne.

Une église russe orthodoxe.

Un temple de l'Eglise Réformée de France.

Une église anglicane.

Une église protestante de Saint-Raphaël.

Une église biblique.

Une église de Mormons.

La tour San Rafeu, tour fortifiée construite à la fin du XIIIème par l'évêque de Fréjus. Le campanile de fer forgé y fut ajouté en 1881.

Nombreuses villas et maisons de villégiature, édifiées au XIXème et au XXème.

---

1 : Saint-Raphaël, début XXème.
2 : Saint-Raphaël, début XXème.
3 : Saint-Raphaël, début XXème.

La promenade des Bains, réalisée entre 1880 et 1882, marque le début de l'ère touristique de la ville.
Menhirs de Veyssières.
Musée de la préhistoire et archéologie sous-marine, collections issues du patrimoine local. Le musée est installé dans l'ancien presbytère.
Menhir des Veyssières et menhir de l'Aire Peyronne.
Pyramide à Bonaparte sur le port.
Mémorial du Débarquement de Provence au Dramont.
Office de tourisme.
Industrie ou activités : avec dix millions de nuitées par an, Saint-Raphaël est la première ville touristique du Var. Plusieurs zones d'activités. Avec Fréjus, Saint-Raphaël est le pôle économique et culturel de l'Est Varois. Le casino est un des plus gros employeurs de la ville. Plusieurs marchés hebdomadaires et quotidiens. Cinq ports de plaisance.
Personnages : de nombreux écrivains, peintres, sportifs, politiciens et autres viennent séjourner à Saint-Raphaël, George Sand, Alexandre Dumas, Victor Hugo, Alphonse Karr, Guy de Maupassant, Eugène Fromentin, Charles Gounod, Raymond Poincaré, Bonaparte, Albert Ier de Belgique, Georges Clémenceau…
Armoiries : d'azur, à l'archange Raphaël conduisant le petit Tobie, le tour d'or sur une terrasse du même.
Jumelage : avec Gand en Belgique, Sankt Georgen en Allemagne, Djermouk en Arménie et Tibériade en Israël.
Manifestations : festival des jazz de Saint-Raphaël, festival du rire, route du mimosa, fête de la Saint-Pierre, festival du cinéma européen, festival de quatuors à cordes, salon des minéraux, carnaval, fêtes de la lumière, spectacles de joutes, soirées musicales des Templiers…

1 : Saint-Raphaël, début XXème.
2 : Saint-Raphaël, début XXème.
3 : Saint-Raphaël, début XXème.

Divers : ville labellisée « port de plaisance Exemplaire », « Station Nautique » et « Pavillon Bleu des Ports ». Façade maritime de 35 Km, dotée de cinq ports, de nombreuses calanques, plages et criques. Un palais des congrès, un centre culturel. Nombreux espaces verts, dont le Jardin Bonaparte. Plongée sous-marine, nautisme, voile… Sentiers de randonnée. Golf. Ville située au pied des premiers contreforts du massif de l'Esterel, massif volcanique de 32.000 hectares, dont 13.000 sont classés et protégés.

1 : Saint-Raphaël, début XXème.
2 : Saint-Raphaël, début XXème.
3 : Saint-Raphaël, début XXème.
4 : Saint-Raphaël, début XXème.

SAINT-TROPEZ

Les Tropéziens.
Code postal : 83990.
Chef-lieu de canton.
Superficie : 1117 ha.
Altitude : 0 à 115 m.
Population : 1800 : 3156 h. 1896 : 3599 h. 1936 : 4102 h. 1982 : 6213 h. 2013 : 4607 h.

Autrefois : la ville fut baptisée par les moines de l'abbaye de Saint-Victor de Marseille, San-Torpes, où il édifièrent une chapelle.

De sa fondation jusqu'au XXIème, l'histoire de Saint-Tropez est étroitement liée à la mer. Les marchands de passage, Etrusques puis Grecs, précèdent l'installation des romains qui exportent par mer, le vin et l'huile produits.

S'ensuit une période d'abandon du territoire, au XIVème.

Cette activité maritime (pêche, chantiers navals, exportation de vin...) reprend et s'intensifie dès la fin du XVème, lorsque de nouveaux habitants s'y installent. Des familles génoises sont en effet invitées à peupler le territoire en répondant à l'invitation de Jean Cossa, grand sénéchal de Provence. Contre certaines libertés, les nouveaux arrivants s'engagent à reconstruire la ville. Le résultat ne se fait pas attendre.

A la fin du XIXème, puis au début du XXème, Saint-Tropez devient le lieu de passage ou de séjour de nombreux artistes, cinéastes, auteurs.... Cet engouement culturel, qui précède le développement touristique de la ville, a été favorisé par les belles paroles de Guy de Maupassant et Paul Signac, tombés sous le charme de Saint-Tropez. Paul Signac, en découvrant cet endroit, incita d'autres peintres à venir le rejoindre (Matisse, Bonnard...). Depuis cette époque, d'autres peintres ont pris le relais, notamment Stefan Szczesny qui y habite.

Dès les années 1950, le monde intellectuel et artistique se retrouve à Saint-Tropez, ainsi que la jet-set internationale.

Capitale touristique internationale, Saint-Tropez, ou plus communément appelé « Saint'Trop », a contribué à la renommée de la Côte-d'Azur.

1 : Saint-Tropez, début XXème.
2 : Saint-Tropez, début XXème.
3 : Saint-Tropez, début XXème.

Aujourd'hui : la vieille ville fut bâtie par les nouveaux arrivants, à partir de la fin du XVème.

Une quinzaine de chapelles avaient été construites à partir de la fin du XVIème. Certaines ont disparu.

Eglise Notre-Dame de l'Assomption de Saint-Tropez, XVIIIème.

Chapelle Sainte-Anne, 1629.

Chapelle de Pénitents Noirs de la Miséricorde, XVIIème.

Chapelle du Couvent.

Chapelle Saint-Eloi, aujourd'hui un temple protestant.

Chapelle Saint-Joseph.

Chapelle de Saint-Tropez, plusieurs fois reconstruite, dont la dernière fois au XVIIIème, origine XIème. C'est ici, selon la tradition orale, qu'aurait été ensevelie la dépouille de Saint Tropez, officier romain converti au christianisme et décapité à Pise sur ordre de Néron en l'an 68.

Une synagogue.

La chapelle Notre-Dame de l'Annonciade, érigée au XVIème par la confrérie des Pénitents Blancs, abrite aujourd'hui le musée de l'Annonciade, musée d'art moderne.

Plusieurs oratoires (une quarantaine).

Vestiges des remparts édifiés au XVIème, supprimés au XIXème. Les façades de la rue d'Aumale sont alignées sur cette ancienne muraille.

Château de la Moutte, XIXème, entouré d'un parc planté de palmiers et de vignes.

La citadelle fut commencée en 1583 par le maréchal de Villars, en partie détruite, puis reconstruite au début du XVIIème. La chapelle fut aussi reconstruite au XVIIIème. Dominant la ville, la citadelle va accueillir, à partir de 2013, le musée de l'histoire maritime de Saint-Tropez. Elément de défense le plus important entre Antibes et Toulon durant des siècles, elle demeure l'un des seuls monuments de cette ampleur sur la côte varoise.

La Hune, maison de Paul Signac qu'il acheta en 1898 pour en faire son atelier.

La digue fut reconstruite après les bombardements de la Deuxième Guerre mondiale.

Maison des Papillons, ancienne maison du peintre Dany Lartigue.

Nombreuses villas.

---

1 : Saint-Tropez, début XXème.
2 : Saint-Tropez, début XXème.
3 : Saint-Tropez, début XXème.

Plusieurs lavoirs et fontaines, dont le lavoir Vasserot, transformé en espace culturel.
Le cimetière marin, aménagé à la fin du XVIIIème en contrebas de la citadelle, recèle de nombreuses tombes d'artistes ou d'autres célébrités politiques, du showbiz...
Industrie ou activités : plusieurs marchés hebdomadaires. Dès les années 1950, la station balnéaire de Saint-Tropez est devenue un lieu incontournable pour les célébrités, les artistes et la jet-set européenne et américaine. Ainsi, de nombreux hôtels y sont implantés, dont dix palaces classés cinq étoiles. Production d'huile d'olive.
Personnages : - Jean-François Allard (Saint-Tropez 1785 – 1839). Général français.
- Pierre Bachelet (1944 – 2005). Le chanteur est inhumé au cimetière de Saint-Tropez, tout comme Eddie Barclay (1921 – 2005), Paul Signac…
- Brigitte Bardot est installée à Saint-Tropez depuis plusieurs années.
- Jean Courtin (né en 1936 à Saint-Tropez), archéologue.
Armoiries : d'azur à saint Tropez vêtu en pèlerin d'or, auréolé du même, tenant de sa main dextre une épée basse d'argent, le tout sur une terrasse aussi d'or chargée de l'inscription Saint-Tropez en lettres capitales de sable.
Manifestations : bravades de Saint-Tropez, fête votive qui se déroule en mai et juin. Les voiles latines, compétition et animations en mai. Festival des Nuits du château de la Moutte, en été. Les voiles de Saint-Tropez, plus de 300 bateaux modernes et de tradition se donnent rendez-vous.
Divers : 12 Km de plages. Une base nautique. Activités liées à la présence de la mer. Saint-Tropez fut, entre autres, le théâtre du tournage du célèbre film *le gendarme de Saint-Tropez* et de la suite… Ou encore de la série télévisée, *Sous le soleil*. Sentiers de randonnée, dont le sentier des douaniers.

1 : Saint-Tropez, début XXème.
2 : Saint-Tropez, début XXème.
3 : Saint-Tropez, début XXème.

SAINT-ZACHARIE

Les Zachariens
Code postal : 83640.
Canton de Saint-Maximin-la-Sainte-Beaume.
Superficie : 2702 ha.
Altitude : 239 à 756 m.
Population : 1800 : 1682 h. 1896 : 1650 h. 1936 : 1486 h. 1982 : 2206 h. 2010 : 4914 h.

Autrefois : découverte de nombreux vestiges de l'occupation romaine, notamment des villas.

Le castrum d'Orgnon, mentionné à partir de 1040, formait une seigneurie distincte de celle d'Auriol, qui englobait, au XIème, Saint-Zacharie.

Le bourg était renommé pour son industrie céramique (poteries, tuileries, briqueteries...), dont les années fastes ont duré jusqu'à la Deuxième Guerre mondiale. Entre 1900 et 1930, on compta plus de vingt usines de céramique et les commandes arrivaient de tout le pays.

Une coopérative oléicole a fonctionné de 1922 à 1985.

Aujourd'hui : église Saint-Jean-Baptiste, en partie XIème, modifiée et agrandie au fil des siècles, jusqu'au XVIIème.
Chapelle des Pénitents, 1844.
Chapelle Saint-Clair, XVIème.
Chapelle Notre-Dame d'Orgnon, construite au XIème, incendiée pendant les guerres de religion, rénovée à partir de 1863.
Plusieurs oratoires.
Domaine du Moulin Blanc, dont les plus anciens bâtiments datent du XVIIème, pigeonnier, chapelle, arboretum...
Anciens fours de céramique.
Vestiges du bourg castral d'Orgnon.
Seize fontaines, pour la plupart construites entre 1838 et 1848.
Un ancien lavoir.

Industrie ou activités : commerces et services. Marché le mercredi et le samedi matin. Gîtes et chambres d'hôtes.

Personnages : - Le chanteur Joseph Gandour, plus connu sous le nom de Reda Caire, est inhumé au cimetière de Saint-Zacharie (depuis 1963).
- Joseph Paul Gaimard (Saint-Zacharie 1793 – Paris 1858). Naturaliste français.
- Louis-Auguste Cézanne, le père de Paul, est né à Saint-Zacharie.

1 : Saint-Zacharie, début XXème.
2 : Saint-Zacharie, début XXème.
3 : Saint-Zacharie, début XXème.

Armoiries : d'azur au dessous de soulier surmonté d'une croisette tréflée et accosté de deux étoiles, le tout d'or.
Cours d'eau : l'Huveaune. Sources des Nayes.
Manifestations : pèlerinage d'Orgnon et journée champêtre. Carnaval en mars.
Divers : sentiers de randonnée. Centres équestres. Commune situé au pied du massif de Sainte-Baume.

SAINTE-ANASTASIE-SUR-ISSOLE

Les Saintanastasiens.
Code postal : 83136.
Canton de La Roquebrussanne.
Superficie : 1071 ha.
Altitude : 269 à 580 m.
Population : 1800 : 499 h. 1896 : 407 h. 1931 : 332 h. 1982 : 754 h. 2010 : 1922 h.
Autrefois : la présence de la grotte de l'Oustalout atteste une occupation à l'époque néolithique.
Citée pour la première fois en 1252 sur le cartulaire de l'abbaye de Saint-Victor à Marseille, Sainte Enestasia dépendait alors de la viguerie d'Hyères, du diocèse de Toulon et du chapitre de Pignans.
Abandonné au XVème, le village fut réinvesti peu à peu.
Aujourd'hui : église Saint-Just, et son portail en teck, agrandie au XIXème.
Anciennes portes.
Plusieurs fontaines et un lavoir provençal.
Industrie ou activités : viticulture. Gîtes.
Armoiries : d'or à la bande ondée d'azur, accompagnée en chef d'un casque de gueules sommé d'un dragon d'argent et en pointe de quatre pals de gueules.
Cours d'eau : l'Issole.
Divers : sentiers de randonnée, notamment sur la barre de Saint-Quinis et la colline de Thèmes.

1 : Sainte-Anastasie, début XXème.
2 : Sainte-Anastasie, début XXème.
3 : Sainte-Anastasie, début XXème.

SAINTE-MAXIME

Les Maximois.
Code postal : 83120.
Canton de Grimaud.
Superficie : 8161 ha.
Altitude : 0 à 522 m.
Population : 1935 : 2623 h. 1982 : 7364 h. 2009 : 13.220 h.

Autrefois : Sainte-Maxime fut d'abord un comptoir grec avant de devenir une petite agglomération romaine, connue sous le nom de Calidianisi.

Au VIIème, le Golfe de Saint-Tropez, et Sainte-Maxime, fut occupé par les Sarrazins. Vaincus par Guillaume de Provence, ils quittèrent le pays en 972. Pour se soustraire aux invasions, les habitants des villages s'étaient retranchés aux sommets des collines. Les habitants de Calidianisi abandonnèrent ainsi la côte pour bâtir le village fortifié du Vieux-Revest, perché à près de 500 mètres d'altitude, lequel fut détruit en 1395 par des brigands.

Malgré le départ des Sarrazins, les pillages et invasions se poursuivirent.

Au XIIème, l'abbaye Saint-André de Villeuneuve-lès-Avignon y possédait l'église Saint-Daumas.

La Tour Carrée, dont la construction débuta en 1520, servit d'abri, de demeure seigneuriale, de grenier à grains, de prison, d'école et de mairie...

La paix revenue, depuis le milieu du XVIIIème, Sainte-Maxime retrouve son activité commerciale, avec son petit port de cabotage qui exportait les productions des Maures (huile, bois, vin, liège).

Le tourisme commence à s'y développer à partir de la fin du XIXème, mais le véritable essor date des années 1930, avec la construction de nombreuses villas, du casino (1932), des hôtels...

Les plages de Sainte-Maxime furent le théâtre d'une partie du débarquement des Alliés le 25 août 1944.

Aujourd'hui : église Sainte-Maxime, érigée en 1762, agrandie en 1851. Le presbytère fut démoli en 1938. Mobilier XVIIème.

Chapelle Saint-Donat, fin XVIIIème, restaurée.

Quelques vestiges du Vieux-

1 : Sainte-Maxime, début XXème.
2 : Sainte-Maxime, début XXème.
3 : Sainte-Maxime, début XXème.

Revest.
Tour des Dames, érigée au XVIème pour protéger les habitants lors des invasions, abrite aujourd'hui le musée de la Tour Carrée, consacré au folklore et aux traditions locales.
Château des Tourelles ou château Meissonier, 1883. Il fut la propriété de Léon Gaumont, pionnier et industriel du cinéma, qui y fit tourner plusieurs films.
Casino, construit en 1932.
Le pont sur le Préconil fut construit en 1934-35.
Musée du photographe et de la musique mécanique.
Office de tourisme.
Industrie ou activités : activités liées au tourisme, la commune étant située sur la rive nord du golfe de Saint-Tropez. Tous commerces et services. La ville possède le plus important pôle d'activités du Golfe de Saint-Tropez, avec plus de 230 entreprises et plus de 1000 emplois. Gîtes, hôtels et chambres d'hôtes. Marché couvert tous les matins.
Armoiries : de gueules à la tour d'or, maçonnée de sable.
Cours d'eau : le Préconil.
Jumelage : avec Neuenbürg en Allemagne et Bellport aux Etats-Unis. Pacte d'amitié avec Anderlecht en Allemagne.
Manifestations : corso du mimosa. Traditionnelles bravades. Championnat de jetski. Les soirées gala. Festival international du film d'horreur de Sainte-Maxime. Rallye du Var...
Divers : golf. Activités nautiques, randonnées, VTT, casino... Plages, dont la plage des Eléphants, depuis laquelle Jean de Brunhoff s'inspira pour écrire son premier Babar. La ville a obtenu le label « Patrimoine du XXème siècle ». Parcs et jardins, dont le parc botanique des myrtes. Accrobranche.

1 : Sainte-Maxime, début XXème.
2 : Sainte-Maxime, début XXème.
3 : Sainte-Maxime, début XXème.

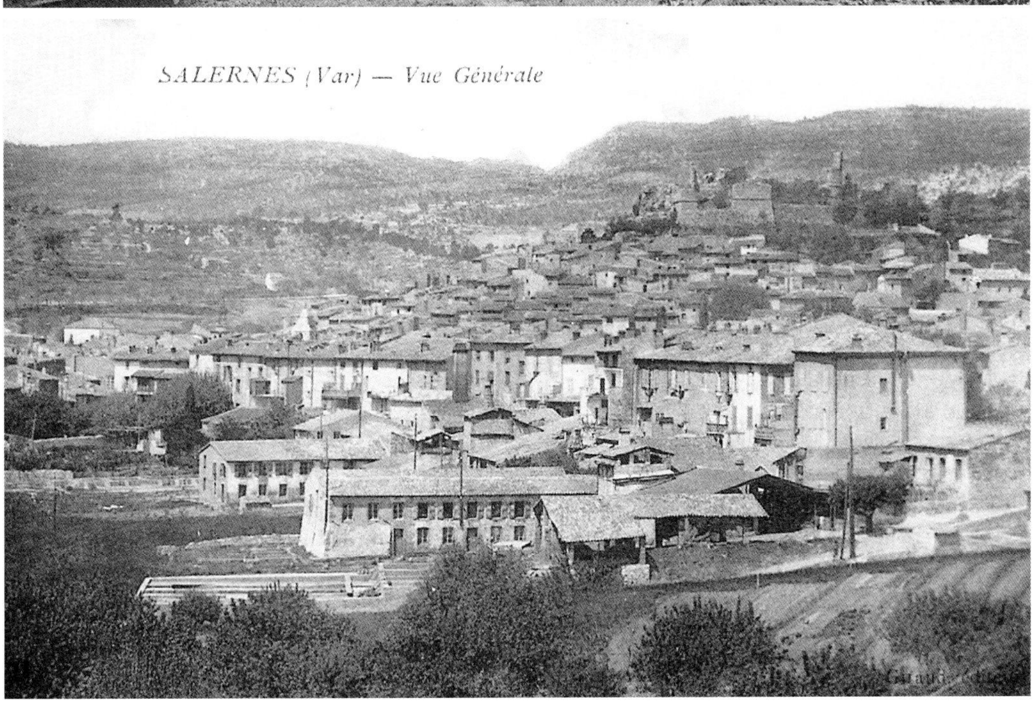

SALERNES

Les Salernois.
Code postal : 83690.
Chef-lieu de canton.
Superficie : 3930 ha.
Altitude : 184 à 481 m.
Population : 1982 : 2882 h. 2010 : 3707 h.

Autrefois : au XIème, l'abbaye de Saint-Victor de Marseille est en possession de Salernes.

Les premiers seigneurs du lieu sont les Pontevès, au XIIème, puis la seigneurie passe par mariage à la maison des Castellane, qui fut maîtresse des lieux jusqu'en 1676.

La famille des Issarts érigea la seigneurie en marquisat, et la famille des Galiffet en sera propriétaire jusqu'à la Révolution.

Les prêtres de Salernes furent les premiers en France à tenir des registres paroissiaux, dont le plus ancien remonte à 1515.

Le château, qui existait déjà au XIème, aurait été détruit par un incendie au XVIIème.

Plusieurs usines de céramique, tuileries et briqueteries. Des fouilles ont permis de mettre à jour des vases datant de 7000 ans, preuve que les argiles du terroir sont exploitées depuis fort longtemps. La production resta artisanale jusqu'au XVIIIème, date à laquelle cet artisanat se développe en petite industrie, notamment spécialisée dans la tomette hexagonale. Salernes en devient un lieu de production renommé. Dans la seconde moitié du XIXème, on comptait 37 fabriques, et 45 en 1900, grâce à l'arrivée du chemin de fer, puis 53 en 1913, avec 1200 ouvriers et jusqu'à 60 millions de pièces par an. La crise des années 50 et la concurrence obligent les usines à s'adapter, et l'activité ne disparaîtra pas.

1 : Salernes, début XXème.
2 : Salernes, début XXème.
3 : Salernes, début XXème.

Aujourd'hui : église Saint-Pierre, origine ancienne, agrandie au XVIIème.
Chapelle Saint-Jacques, ou chapelle de Bon-Secours.
Chapelle Croix-de-Solliès, XVIIème.
Ruines du château féodal, dominant le village.
Tholos de la Lauve, seule tombe mégalithique circulaire du Var.
Plusieurs fontaines et un lavoir.
Site de Saint-Barthélemy, habitats troglodytiques, chapelle votive et une tombe mégalithique.
Office de tourisme.
Musée Terra Rossa, installé dans une ancienne fabrique, exposition de pièces archéologiques et de pièces actuelles.
Industrie ou activités : gîtes et chambres d'hôtes. Marché le mercredi matin. Grand marché provençal le dimanche matin. Aujourd'hui, une quinzaine de fabricants perpétuent la tradition de la céramique. Production d'huile d'olive.
Personnage : Paul Cotte (Salernes 1825 – Salernes 1901). Avocat, militant dans les rangs républicains avant de s'exiler en 1851. Préfet du Var puis député.
Manifestations : foire de la Sainte-Catherine en novembre. Foire de printemps.
Divers : tous types d'équipements culturels et sportifs. Sentiers de randonnée.

1 : Salernes, début XXème.
2 : Salernes, début XXème.
3 : Salernes, début XXème.
4 : Salernes, début XXème.

LES SALLES (Var). — Vue Générale - Côté Sud-Est

LES SALLES-SUR-VERDON

Les Sallois.
Code postal : 83630.
Canton d'Aups.
Superficie : 497 ha.
Altitude : 475 à 685 m.
Population : 1765 : 300 h. 1851 : 462 h. 1982 : 131 h. 2008 : 218 h.

Autrefois : les premières traces écrites de l'existence du village dates du XIème.

Au XIIème, la famille Moustiers possède Les Salles.

Au XIVème, présence d'un prieuré dépendant de l'abbaye Saint-Victor de Marseille, qui fonctionna jusqu'à la Révolution.

Au XIXème, il existait une minoterie, un moulin à huile et une fabrique de vannerie. Le village vivait aussi de la truffe et de la lavande.

Entre 1972 et 1974, le village fut englouti par les eaux du lac artificiel de Sainte-Croix, lors de la construction du barrage. L'église fut dynamitée en mars 1974. Le village s'est reconstruit, tout en changeant de physionomie, sur un petit promontoire qui domine ce même lac.

Aujourd'hui : église Sainte-Anne, détruite en même temps que le village dans les années 1970, elle fut reconstruite après 1974. L'ancienne église, mentionnée au XIème, avait été restaurée et agrandie en 1877.

Office de tourisme.

Mémorial de l'ancien village.

Industrie ou activités : quelques commerces et services. Gîtes, campings et chambres d'hôtes.

Armoiries : de sable aux trois tours d'argent rangées en fasce sur un rocher du même.

Cours d'eau : le Verdon.

Jumelage : avec Aldeia da Luz au Portugal.

Manifestations : trail en juin, marchés nocturnes, fête votive de la Sainte-Anne….

Divers : un sentier historique. Lac de Sainte-Croix. Sentiers de randonné et VTT.

1 : Les Salles, début XXème.
2 : Les Salles, début XXème.
3 : Les Salles, début XXème.

SANARY-SUR-MER

Les Sanaryens.
Code postal : 83110.
Canton d'Ollioules.
Superficie : 1971 ha.
Altitude : 0 à 429 m.
Population : 1800 : 2310 h. 1896 : 2347 h. 1936 : 4423 h. 1982 : 11.505 h. 2010 : 16.643 h.

Autrefois : Sanctii Nazari, Saint-Nazaire, est la première appellation donnée à Sanary en 1156.

Créé sous un prieuré *Cellam Sancti Nazarii*, ce hameau en bordure de la Méditerranée prend son essor au XVIIème siècle.

Alors rattachée à Ollioules, dont elle constitue le port, la cité devient commune indépendante en 1688. Le nom de Sanary lui fut imposé en 1792, après la Révolution; il retranscrit la dénomination « vulgaire » en provençal de « San Nari ». Saint-Nazaire devient officiellement Sanary en 1890. La commune conservera ce nom jusqu'en 1923, date à laquelle Sanary devient Sanary-sur-Mer.

Au XIXème, la Ville change de physionomie, avec la construction d'infrastructures favorisant le tourisme, qui s'y développe dans les années 1980-1990.

Durant les heures sombres de l'histoire, de 1933 à 1945, Sanary devient un haut lieu d'exil pour de nombreux intellectuels (écrivains et artistes) allemands et autrichiens, fuyant le nazisme. Ludwig Marcuse définira la cité, au cours de ces années là, comme la « Capitale secrète de la littérature germanophone ».

Aujourd'hui : église Saint-Nazaire, origine XVème, reconstruite en 1890 par le maire de l'époque, Michel Marius Pacha, qui imprimera au bâtiment une inspiration néo-byzantine. Depuis 2006, les murs de l'église ont été ornés de fresques de facture orientale, œuvre de l'atelier de Saint Jean de Damascène.

Chapelle Notre Dame de Pitié (1560). Erigée sur la colline de Portissol, elle constitue le lieu de pèlerinage privilégié des pêcheurs. Restaurée en 2007 par la Ville, ses ex-voto sont classés aux monuments historiques.

Chapelle des Pénitents Blancs (1570), dite aussi Notre Dame de la Consolation. Elle fit office de maison commune pour les premiers consuls de la Ville.

Chapelle Saint-Roch (1664), érigée par les villageois des villageois envers Saint Roch, qui les avait protégés de la peste.

Tour de Sanary, construite entre 1266 et 1296, ancienne tour de guet, puis grenier à blé, elle abrite aujourd'hui un musée d'archéologie sous-marine provenant de fouilles de la baie de Sanary.

En arrière plan de la Ville, le massif du Gros Cerveau se dresse à 429 m de hauteur et constitue un espace boisé classé regroupant plusieurs sentiers de randonnée et de botanique ainsi qu'un ouvrage militaire du XIXème.

Zoo de Sanary.

Jardin des Oliviers. Conservatoire de l'olivier, ce site de 3 hectares présente plus de 1000 variétés d'oliviers.

Musée Frédéric Dumas, aventure exceptionnelle des premiers pionniers de la plongée sous-marine : Jacques Yves Cousteau, Frédéric Dumas...

Chapelle de Sainte-Trinide ou Sainte-Ternide (1570).

Chapelle Notre Dame D'Espaïme (1611).

Chapelle Notre Dame de Lourdes dite de la Vernette (1875).

Chemin de croix, oratoires, fontaines de la Marine et de l'Agriculture, le Théâtre Galli, les pointus, la batterie de la Cride, la Prud'homie et le temple de l'Eglise Reformée...

Office de tourisme.

Industrie ou activités : station Balnéaire. Plus de 500 commerces. Tous types d'hébergements. Un marché provençal quotidien, un grand marché le mercredi matin et un marché artisanal nocturne sur juillet et août.

Personnages : – Jacques Yves Cousteau : co-inventeur du scaphandre autonome moderne, il vécut à Sanary ,à la villa le Baobab, où sa famille réside toujours.

---

1 : Sanary-sur-Mer, début XXème.
2 : Sanary-sur-Mer, début XXème.

– Frédéric Dumas : acteur mythique du monde sous-marin, c'est à Sanary qu'il fonde avec Jacques Yves Cousteau l'équipe des Mousquemers et établit des records de plongée.

– Michel Marius Blaise Pacha : Comte de Pierredon, il fut un maire emblématique de Sanary auquel il offrit et embellit plusieurs édifices (église, quai de déchargement, fontaines…). Capitaine au long cours, il dresse les 156 phares et balises qui jalonnent les côtes méditerranéennes jusqu'au monde Ottoman.

– Georges Galli : Avocat pour la firme Métro-Goldwyn-Mayer, il côtoie le monde du cinéma et devient l'un des acteurs les plus convoités de l'époque grâce à son rôle principal dans *L'homme à l'hispano*. Il entre au séminaire puis est ordonné prêtre en 1950 à Sanary, à laquelle il lègue la Cité de la jeunesse, devenue aujourd'hui le Théâtre Galli.

Armoiries : d'azur à la tour d'argent sommée d'une croisette du même, ouverte, ajourée et maçonnée de sable, accostée de deux palmes d'or les tiges passées en sautoir.

Cours d'eau : la Reppe. Le Grand Vallat.

Jumelage : Bad Säckingen en Allemagne, Koscierzyna en Pologne, Luino en Italie, Noguinsk en Russie et Purkersdorf en Autriche.

Manifestations : joutes provençales, fête de la Saint Pierre, Sanary sous les étoiles, Sanary s'amuse, Chœur de lumière, semaine du patrimoine, journées de l'archéologie, Photomed (festival de la photographie méditerranéenne), Nuit des musées, Happy art, Eclat d'art, embarquement immédiat à bord des pointus, forum des associations…

Divers : sentier sous-marin, sentiers de randonnée, tennis, mini-golf, VTT, club de plongée, sentier botanique, excursions en bateau, complexe aquatique, parcours de visites guidées (exilés, Sanary insolite…), régate, médiathèque, centre culturel, cinéma, expositions permanentes et temporaires dans les espaces culturels …

---

1 : Sanary, début XXème.
2 : Sanary, début XXème.
3 : Sanary, début XXème.

SEILLANS

Les Seillanais.
Code postal : 83440.
Canton de Fayence.
Superficie : 8866 ha.
Altitude : 366 m.
Population : 1800 : 2193 h. 1896 : 1539 h. 1936 : 870 h. 1982 : 1609 h. 2013 : 2555 h.

Autrefois : le village s'est constitué au cours des siècles autour d'une enceinte fortifiée.

Aujourd'hui : le village a gardé son caractère d'antan, avec ses maisons anciennes, ses ruelles sinueuses, ses passages voûtés, ses nombreuses fontaines...
Eglise Saint-Léger, construite au XIème, en même temps que le château du XIème et son campanile.
Chapelle Notre-Dame de l'Ormeau, XIIème. Elle renferme un retable classé du XVIème. Visites commentées toute l'année (renseignements à l'office de tourisme).
Château féodal.
Porte Sarrasine, faisait partie de la première enceinte du XIIème.
Fontaine Font d'Amour, une des plus anciennes du village.
Sculptures : le Génie de la Bastille de Max Ernst et le dragon Ivanoff.
Dans les locaux de l'office de tourisme (maison Waldberg) les collections Max Ernst, Dorothea Tanning et Stan Appenzeller sont visibles toute l'année.

Industrie ou activités : une galerie d'art. Nombreux ateliers d'artistes et d'artisans (bouchonnerie, savonnerie...). Commerces et services. Tous types d'hébergement. Viticulture, vins AOC Côtes de Provence. Deux domaines. Oléiculture, fromage de chèvre.

Personnage : le peintre surréaliste Max Ernst a passé les dernières années de sa vie à Seillans, de 1964 à 1976.

Armoiries : de gueules au croissant contourné d'argent.

Manifestations : concerts, expositions, festival « Musique Cordiale en août », marché des potiers le 15 août, rencontres de la photographie et de l'image, exposition de Noël et les 13 desserts...

Divers : commune labellisé « un des plus beaux villages de France ». Sentiers de randonnée, VTT...

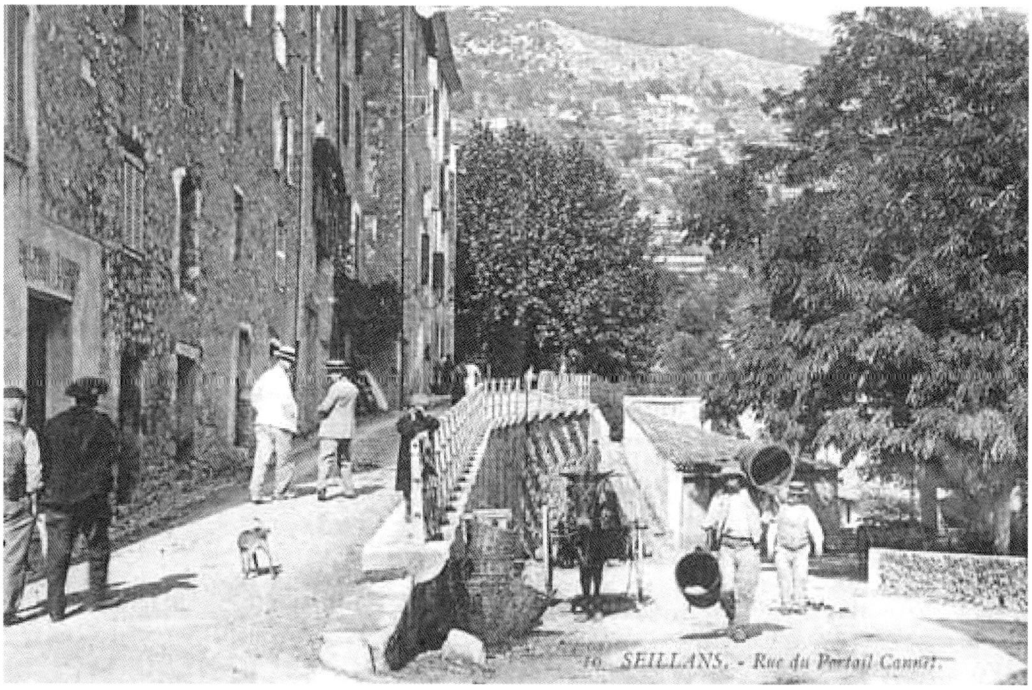

---

1 : Seillans, début XXème.
2 : Seillans, début XXème.
3 : Seillans, début XXème.

SEILLONS-SOURCE-D'ARGENS

Les Seillonnais.
Code postal : 83470.
Canton de Barjols.
Superficie : 2511 ha.
Altitude : 263 à 580 m.
Population : 1836 : 508 h. 1896 : 406 h. 1906 : 412 h. 1982 : 397 h. 2008 : 2115 h.

Autrefois : le territoire a appartenu à la famille de Raousset, seigneur du lieu.

Aujourd'hui : église Saint-Pierre, XIème.
Chapelle Saint-André.
Eglise de la Conception, transformée en centre culturel.
Château du XVIIIème, situé au sommet de la colline, entouré d'un jardin à la française.
Ruines du castrum médiéval, notamment une tour, des remparts, des habitations troglodytiques, d'une chapelle...
Un pont d'arrosage construit au XVIIIème, servait de barrage et permettait d'irriguer les prés.
Fontaine de l'hôtel de ville, édifiée en 1910.

Industrie ou activités : une coopérative vinicole. Village entouré de vignes.

Armoiries : de sinople à la pointe ondée d'argent posée en bande.

Cours d'eau : source de l'Argens. La Meyronne.

Jumelage : avec Santa Luce en Italie.

Divers : village perché sur une éminence de tuf. Points de vue sur la chaîne de la Sainte-Baume et la plaine de l'Argens. Sentiers de randonnée.

---

1 : Seillons, début XXème.
2 : Seillons, début XXème.
3 : Seillons, début XXème.

LA SEYNE-SUR-MER

Les Seynois.
Code postal : 83500.
Chef-lieu de canton.
Superficie : 2217 ha.
Altitude : 0 à 352 m.
Population : 1800 : 4895 h. 1896 : 16341 h. 1931 : 26817 h. 1982 : 57659 h. 2010 : 62.082 h.
Deuxième ville du Var.

Autrefois : ancien hameau de Six-Fours, La Seyne s'en détache et devient une commune indépendante en 1657.

Une église y existait déjà depuis 1603.

Son activité économique est concentrée autour de son port et de ses chantiers. Le premier chantier est attesté en 1711. L'ouverture des premiers chantiers de construction navale métallique en 1835 et l'arrivée du chemin de fer en 1859, apportent un nouvel élan à la construction navale. Le bois est relayé par le métal, changeant ainsi les approvisionnements et la façon de travailler.

La Seyne devient la capitale mondiale de la construction navale. Jusque 5000 personnes travailleront sur les chantiers, qui fermeront en 1989, victimes du choc pétrolier et de la concurrence interna- tionale. De lourdes consé-quences économiques s'en suivent.

L'autre particularité de La Seyne fut son rôle de protection et de défense du port militaire de Toulon, d'où la présence de plusieurs forts.

Enfin, son rôle touristique prit de l'ampleur avec la construction du quartier Tamaris par Marius Michel, dit Michel Pacha, qui fit fortune en Orient, et qui entreprit cette construction, avec des casinos, hôtels de luxe, villas...

La station balnéaire des Sablettes, dont l'isthme offre des paysages exceptionnels, est aménagée à partir de 1883, et le casino est construit en 1884.

Le village des Sablettes est rasé en 1944, pour éviter un éventuel débarquement à Toulon. Le village et le casino sont reconstruits en 1950.

La station de villégiature de

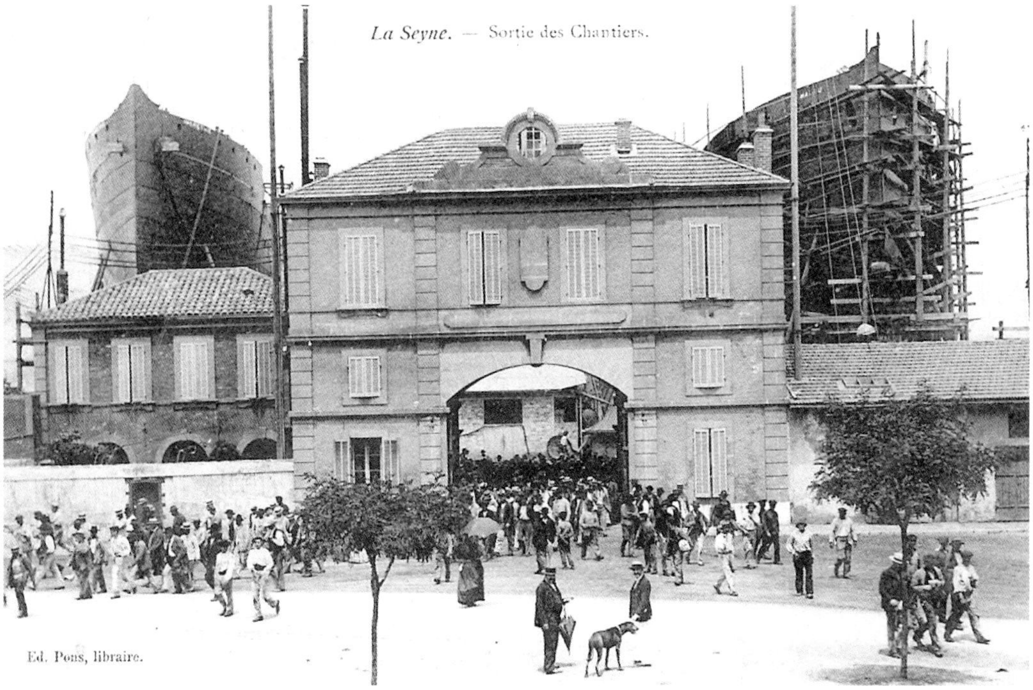

---

1 : La Seyne-sur-Mer, début XXème.
2 : La Seyne-sur-Mer, début XXème.
3 : La Seyne-sur-Mer, début XXème.

Tamaris, ancienne ville industrielle, est créée dans les années 1880 grâce à l'action d'un seul homme, Marius Michel, qui fit fortune dans l'empire ottoman. Il acheta des terrains, fit aménager la voirie, un port, de nombreuses villas, un casino…

Aujourd'hui : église Notre-Dame du Bon-Voyage, construite au XVIIème, restaurée et agrandie en 1892. Le clocher est coiffé d'un campanile du XIXème.

Fort de Balaguier, construit entre 1634 et 1636 sur ordre du cardinal de Richelieu dans un contexte politique où l'Espagne présente des menaces envers la France. Sa construction fut adaptée au fil des siècles, selon les évènements historiques. Il abrite un musée naval.

Le fort de l'Eguillette, construit entre 1672 et 1680, empêchait l'accès à la petite rade de Toulon.

Fort Napoléon, abrite aujourd'hui un espace dédié à l'art contemporain.

Batterie de Peyras, construite en 1878-1879, dont le rôle était de battre l'espace entre l'isthme des Sablettes et la plaine mer. Le fort fut désarmé en 1965.

Maison du Patrimoine, dans une ancienne bâtisse vieille de 400 ans.

Maison Jean Bouvet, activités diverses pour les habitants.

Plusieurs villas à l'architecture mauresque, avec minarets, dont l'une d'entre elles accueille aujourd'hui l'institut de biologie marine de l'Université de Lyon.

Centre d'art de la Villa Tamaris.

Office de tourisme.

Industrie ou activités : plusieurs marchés, dont le marché du terroir et de l'artisanat qui se déroule le lundi matin. En 2010, plus de 3500 entreprises existaient à La Seyne-sur-Mer. La zone industrielle de Brégaillon abrite un port marchand et un pôle mer. Plusieurs autres zones commerciales, industrielles et artisanales. Tous types d'hébergements.

---

1 : La Seyne-sur-Mer, début XXème.
2 : La Seyne-sur-Mer, début XXème.
3 : La Seyne-sur-Mer, début XXème.

Personnages : - Napoléon Bonaparte (1769-1821), qui s'est illustré lors du siège de Toulon en 1793, a donné son nom à la corniche Bonaparte et au fort Napoléon.
- Marius Michel, dit Michel Pacha (Sanary-sur-Mer 1819 – La Seyne-sur-Mer 1907). Marin et homme d'affaires. Il fit fortune en Orient, et fut bienfaiteur de la ville.
- George Sand a habité à Tamaris, avec Frédéric Chopin.
Armoiries : d'azur, à deux poissons d'argent, l'un sur l'autre, le second contourné, et un chef cousu de gueules, chargé de cinq pains d'or, posés 3 et 2.
Jumelage : avec Buti en Italie, Berdiansk en Ukraine, Maardu en Estonie, Tortel au Chili, Menzel Bourguiba en Tunisie, et Reinickendorf en Allemagne.
Manifestations : festival Couleurs Urbaines, Bulles en Seyne (festival de BD jeunesse), fête de la Saint-Pierre, brocante, festival de musique de Toulon, festival cubain, salon de la carte postale, semaine varoise de la randonnée pédestre, les 10 Km de Tamaris, triathlon, festival de cirque contemporain…
Divers : ville fleurie. Parcs et jardins. Activités nautiques, plongée sous-marine, sentiers de randonnée, VTT, tennis, karting… Plusieurs plages. Tous types de structures culturelles et sportives.

SIGNES

Les Signois.
Code postal : 83870.
Canton du Beausset.
Superficie : 13310 ha.
Altitude : 271 à 1148 m.
Population : 1982 : 1078 h. 2006 : 2725 h.
Autrefois : traces d'occupation dès l'époque néolithique, puis à l'époque romaine.
La première mention du village, sous le nom de Signa, date de 984 dans un cartulaire de l'abbaye de Saint-Victor de Marseille.

1 : La Seyne, début XXème.
2 : La Seyne, début XXème.
3 : Signes, début XXème.

Au Moyen-Âge, trois villages existaient, Château-Vieux, Signe-la-Blanche et Signe-Barrarenques.

Le village fut une seigneurie des vicomtes de Marseille, puis des évêques de Marseille.

Le château fut rasé par les habitants après avoir été occupé par les troupes du duc d'Epernon, à la fin du XVIème.

Signes fut le théâtre d'un haut-lieu de résistance au cours de la Seconde Guerre Mondiale.

Aujourd'hui : église Saint-Pierre, origine romane, remaniée au fil des siècles.

Chapelle Saint-Jean, XVIIème.

Chapelle Notre-Dame de la Nativité ou chapelle de Châteauvieux, fin XVIème.

Plusieurs oratoires et calvaires.

Tour de l'horloge, XVème, dotée d'un campanile en fer forgé au XIXème.

Traces de château et de l'ancien village.

Plusieurs fontaines et lavoirs, dont la fontaine aux Sorcières, la fontaine de la Salière.

Anciennes maisons, certaines avec des éléments du XVème.

Industrie ou activités : une zone d'entreprises. Gîtes et chambres d'hôtes.

Armoiries : de gueules au cygne d'argent.

Cours d'eau : sources du Gapeau, du Raby et du Latay.

Manifestations : trail en avril. Fête de la Saint-Jean-Baptiste. Fête de la Saint-Eloi en juin.

Divers : nombreux sites naturels, avens, cascade, sommet de la Sainte-Baume… Une partie du circuit automobile Paul Ricard. Territoire boisé. Sentiers de randonnée, parcours VTT… parapente et deltaplane.

1 : Signes, début XXème.
2 : Signes, début XXème.
3 : Signes, début XXème.

SILLANS-LA-CASCADE

Les Sillanais.
Code postal : 83690.
Canton de Tavernes.
Superficie : 2017 ha.
Altitude : 377 m.
Population : 1982 : 343 h. 2006 : 565 h.

Autrefois : la présence d'un habitat gallo-romain est attestée à Saillans.

Les premiers écrits datent du XIème, dans une charte de l'abbaye Saint-Victor de Marseille.

Les premières traces d'un château remontent aux XIIIème et XIVème. En 1609, un nouveau château est construit, et détruit à la Révolution. Roland de Sillans en construit un nouveau au début du XIXème. Juste avant la révolution de 1789, le château et les terres furent rachetés par la famille Rolland puis transmis par alliance aux Castellane-Esparon.

Aujourd'hui : église Saint-Etienne, en partie XIXème, origine plus ancienne.

Chapelle Saint-Laurent, milieu XIXème.

Importants vestiges des remparts.

La mairie est installée dans les locaux du château, acheté à la famille Castellane en 1992.

Industrie ou activités : un camping, gîtes et chambres d'hôtes. Quelques artisans et commerces.

Personnage : l'acteur Raymond Pellegrin (1925 - 2007), l'un des acteurs fétiches de Marcel Pagnol, mais aussi l'inoubliable voix de Fantômas, et son épouse, l'actrice Giselle Pascale (1921 - 2007), sont enterrés au cimetière de Sillans-la-Cascade, où ils vécurent de longues années.

Armoiries : de gueules au pont en dos d'âne de deux arches d'or surmonté de trois étoiles du même.

Cours d'eau : la Bresque.

Manifestations : expositions d'artistes.

Divers : cascade de Sillans, haute de 44 mètres. Sentiers de randonnée.

1 : Sillans, début XXème.
2 : Sillans, début XXème.
3 : Sillans, début XXème.

SIX-FOURS-LES-PLAGES

Les Six-Fournais.
Code postal : 83140.
Chef-lieu de canton.
Superficie : 2710 ha.
Altitude : 0 à 352 m.
Population : 1800 : 2600 h. 1896 : 2823 h. 1926 : 3730 h. 1982 : 25.526 h. 2013 : 35.413 h.

Autrefois : occupation humaine constatée depuis plus de 40.000 ans, comme l'atteste les vestiges retrouvés dans une grotte.

Le nom de Six-Fours signifierait « six positions ou postes fortifiés », ce qui assurait une certaine tranquillité aux habitants de l'époque, les Phocéens puis les Romains, qui pouvaient s'adonner à la culture et au commerce.

Le castrum fut mentionné dès 963, avec la présence d'une église.

Au Moyen-Âge, d'importants remparts protégeaient la population des invasions et des barbares.

A partir du XVème, les habitants participèrent aux constructions navales de La Seyne.

Dès le XVIIIème, les habitants s'installèrent dans la plaine.

L'activité balnéaire du bourg s'amorce entre les deux guerres mondiales, et se développe après 1945.

Présence d'une activité de tuilerie-briqueterie. La dernière usine de Six-Fours a fermé ses portes en 1967.

Aujourd'hui : église Saint-Pierre-aux-Liens, origine romane, agrandie au XVIIème, située au sommet de la colline du Vieux Six-Fours. L'église jouxte le fort, au sommet de la colline.

Chapelle Notre-Dame de la Pépiole, origine pré-romane.

Chapelle Notre-Dame de Bonne-Garde, dite Notre-Dame du Mai, 1625, située au sommet du Cap Sicié.

Batterie du Cap Nègre, ouvrage militaire construit entre 1846 et 1850. Elle abrite aujourd'hui un centre d'interprétation historique.

Fort de Six-Fours, centre militaire d'écoute.

Arènes construites en 1990, rehaussées en 1993.

---

1 : Six-Fours, 1955.
2 : Six-Fours, début XXème.
3 : Six-Fours, début XXème.

Villa Cécile, 1870.
Maison du Cygne, ancienne maison du directeur de la tuilerie. Elle accueille aujourd'hui des expositions.
Phare du Grand-Nouveau, 1861.
Maison du patrimoine.
Office de tourisme.
Industrie ou activités : tous commerces et services. Zones d'activités. Plusieurs marchés hebdomadaires. Campings, gîtes et chambres d'hôtes. Viticulture. Quatre ports de plaisance.
Armoiries : de gueules à la coquille d'argent ombrée de sable.
Jumelage : avec Emmendingen en Allemagne et Zagarolo en Italie.
Manifestations : concerts dans l'église. Festival Couleurs Urbaines, fête de la bouillabaisse, festival de musique de Toulon et sa Région, féria, les Voix du Gaou…
Divers : la ville possède plusieurs labels, « station nautique », « ville fleurie », et « ville internet ». Table d'orientation. Plages. Activités nautiques, plongée sous-marine, sentiers de randonnée, parcours VTT, pêche, tennis, piscine, centres équestres… Territoire boisé. Cap Sicié, avancée dans la mer. Île des Embiez. Parcs et jardins, dont le parc de la Méditerranée.

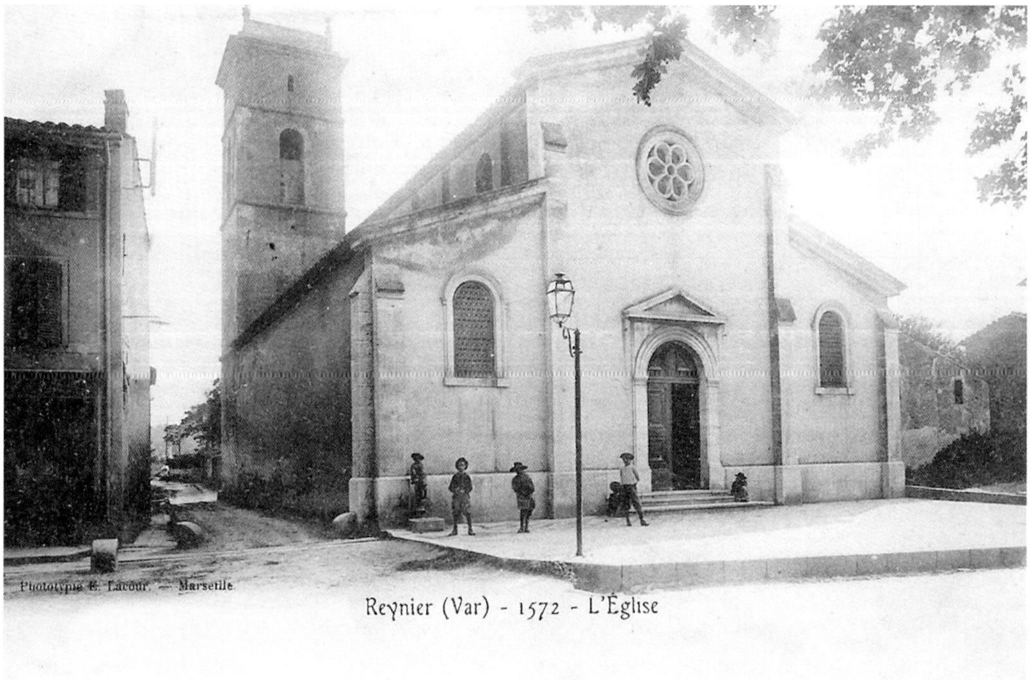

1 : Six-Fours, début XXème.
2 : Six-Fours, début XXème.
3 : Six-Fours, début XXème.

SOLLIÈS-PONT

Les Solliés-Pontois.
Code postal : 83210.
Chef-lieu de canton.
Superficie : 1773 ha.
Altitude : 79 à 249 m.
Population : 1800 : 2609 h. 1896 : 2701 h. 1936 : 2868 h. 1982 : 5492 h. 2013 : 11.214 h.

Autrefois : jusqu'en 1799, la communauté de Solliès ne forme qu'un seul ensemble, avant d'être partagée en plusieurs communes, Solliès-ville, Solliès-Pont, Solliès-Toucas et La Farlède.

L'histoire de Solliès-Pont commence en 1468 lorsque Jean de Beauvau vend la seigneurie de Solliès à Palamède de Forbin, second président de la Cour des comptes à Aix.

Hameau groupé autour du pont sur le Gapeau, Solliès-Pont se développe au XVIème quand les Forbin quittent les hauteurs de Solliès-Ville et construisent leur château à Solliès-Pont.

La seigneurie de Solliès a appartenu, entre autres, aux vicomtes de Marseille, aux comtes de provence, à la famille de Forbin.

Le château de Solliès-Pont reçut des hôtes célèbres tels que Charles IX, Catherine de Médicis et Louis XIV. Le château fut pillé et incendié en 1792, puis reconstruit et restauré en 1880.

La population de Solliès-Pont a quadruplé en cinquante ans.

Le Gapeau et la construction de plusieurs barrages ont favorisé l'implantation de nombreux moulins à huile et à blé, à tan, à plâtre et un important réseau de canaux d'arrosage.

En août 1944, la rue de la République fut le théâtre de violents combats.

Aujourd'hui : église Saint-Jean-Baptiste, reconstruite en 1735.
Chapelle de Sainte-Christine, XIème.
Chapelle Saint-Jacques, au hameau des Sénès.
Chapelle Saint-Roch, 1642, au hameau des Laugiers.
Vestiges d'anciennes chapelles.
Château Forbin, XVIème, et son parc arboré ouvert au public.
Vestiges de l'enceinte de l'oppidum du Castellas.
Vestiges gallo-romains à l'Ecarrissage et aux Renaudes et Beaulieu.

---

1 : Solliès-Pont, début XXème.
2 : Solliès-Pont, début XXème.
3 : Solliès-Pont, début XXème.
4 : Solliès-Pont, début XXème.

Alignement de pierres aux Renaudes.

Industrie ou activités : tous commerces et services. Marché le mercredi matin. Gîtes et chambres d'hôtes. La plaine arrosée par le Gapeau favorise la culture : vignobles, oliviers, légumes et fruits. Solliès-Pont est la première localité à approvisionner Paris en cerises et figues fraiches.

Personnages : - Gaspard Amédée Gardanne (Solliès-Pont 1758 – Breslau en Prusse 1807), général d'Empire.

- Antoine Groignard (Solliès-Pont 1726 – 1798), ingénieur général de la Marine, constructeur des premiers bassins de l'arsenal de Toulon.
- Nicolas Hilarion Allègre (Solliès-Pont 1795 – 1870), peintre d'ex-voto.
- Joseph Lazare Siméon Prat (Solliès-Pont 1808 – 1894), marin.
- Jean-Joseph Rigouard (Solliès-Pont 1735 – 1800), évêque constitutionnel du Var.
- Jean-Baptiste Célestin Sénès, dit La Sinse (Solliès-Pont 1827 – Toulon 1907), poète provençal.
- Luc Raphaël Ponson (Solliès-Pont 1835 - 1904), peintre de marine et de paysages.

Armoiries : d'azur au pont d'or maçonné de sable, accompagné de deux soleils aussi d'or rangés en bande, un en chef et un en pointe.

Cours d'eau : le Gapeau. La Jonquière. Le Petit Réal de Cuers.

Jumelage : avec Peveragno en Italie.

Manifestations : festival du château, en juillet. Fête votive de Sainte-Catherine en juillet. Festin des hommes le troisième lundi de janvier pour la Saint-Maur. Festival international de piano et fête de la figue en août.

Divers : ville fleurie. Solliès-Pont est la capitale de la figue. Sentiers de randonnée.

Principaux hameaux : Les Laugiers. Les Sénès. Les Aiguiers. La Tour. Les Terrins.

1 : Solliès-Pont, début XXème.
2 : Solliès-Pont, début XXème.
3 : Solliès-Pont, début XXème.
4 : Solliès-Pont, début XXème.

SOLLIÈS-TOUCAS

Les Toucassins.
Code postal : 83210.
Canton de Solliès-Pont.
Superficie : 3009 ha.
Altitude : 84 à 783 m.
Population : 1982 : 2098 h. 2013 : 5154 h.

Autrefois : l'oppidum du Castellas a été fouillé de 1972 à 1974. Il s'agissait d'un habitat perché fortifié de l'âge de fer. Il s'étendait sur plus de cinq hectares, un des plus vastes oppida de Provence.
Dans les années 1500, deux émigrants d'Italie, les frères Tocasso, arrivèrent à Solliès-ville. Ils s'établirent près du hameau de Valaury. Solliès-Toucas sera appelé ainsi par déformation de leur patronyme.

Aujourd'hui : église Saint-Christophe, XVIIIème. A l'intérieur, un retable daté de 1704, en bois doré, est inscrit à l'inventaire des monuments historiques.
Chapelle Saint-Louis de Valaury, 1668.
Ancienne chapelle Notre-Dame.
Plusieurs oratoires.
Vestiges de l'oppidum du Castellas, notamment des fortifications qui devaient comporter une quinzaine de tours et deux entrées monumentales.
Plusieurs fontaines.
Office de tourisme.

Industrie ou activités : tous commerces et services. Gîtes, tables et chambres d'hôtes.

Personnage : Jean-François Escudier (Solliès-Toucas 1759 – Toulon 1819). Homme politique français.

Armoiries : de gueules à la branche d'olivier d'or formée de trois brins stylisés et posés sur le central en pal, les deux autres en bande et en barre; au chef d'azur au soleil d'or.

Cours d'eau : le Gapeau. Source d'Octon, qui alimente quelques fontaines du village.

Divers : sentiers de randonnée.

1 : Solliès-Toucas, début XXème.
2 : Solliès-Toucas, début XXème.
3 : Solliès-Toucas, début XXème.

SOLLIÈS-VILLE

Les Solliès-Villains.
Code postal : 83210.
Canton de Solliès-Pont.
Superficie : 1410 ha.
Altitude : 46 à 680 m.
Population : 1800 : 833 h. 1896 : 575 h. 1936 : 557 h. 1982 : 1193 h. 2013 : 2514 h.

Autrefois : au XVIème, Solliès-Ville, la ville mère, voit peu à peu descendre sa population dans la vallée et se concentrer autour du Gapeau, dont l'environnement est plus fertile.
Tout au long du Moyen-Âge, la forteresse de Forbin a abrité les populations. Il fut ruiné au cours des guerres de religion.
Jusqu'en 1799, le territoire des Solliès ne forme qu'un seul et même village, avant d'être séparé en plusieurs entités, Solliès-ville, Solliès-Pont, Solliès-Toucas et La Farlède.

Aujourd'hui : le village a gardé son caractère pittoresque, avec ses petites ruelles, ses escaliers en calades, ses passages étroits…
Eglise Saint-Michel, XIIème, surmontée d'un campanile datant du XVIIIème. L'église renferme un des plus anciens buffets d'orgue de France, construit en 1499.
Chapelle Notre-Dame des Vents, 1660.
Ruines du château de Forbin.
Musée du vêtement provençal.
Musée Jean Aicard, dans l'ancienne maison du poète, qui fut maire de la commune en 1919 et 1921.

Industrie ou activités : commerces et services variés.

Personnages : - le peintre André Filippi (né en 1902) s'est beaucoup inspiré du village.
- Jean Aicard (Toulon 1848 – Paris 1921), poète et maire de Solliès-Ville.

Manifestations : festival international de la bande dessinée, fin août. Fête de la Saint-Loup.

Divers : panorama depuis les vestiges du château.

Principaux hameaux : Les Aiguiers. Le Logis Neuf. Le Pont Neuf...

1 : Solliès-Ville, début XXème.
2 : Solliès-Ville, début XXème.
3 : Solliès-Ville, début XXème.

TANNERON

Les Tanneronnais.
Code postal : 83440.
Canton de Fayence.
Superficie : 5278 ha.
Altitude : 11 à 516 m.
Population : 1905 : 600 h. 1982 : 808 h. 2013 : 1497 h.

Autrefois : la première mention du « castrum Tannaroni » date du XIIIème.
On voit Tannarono en 1252. Il s'agissait alors d'une annexe de Callian, dont elle fut détachée en 1835 pour devenir une commune indépendante.

Aujourd'hui : église Notre-Dame de Peygros, XIXème, restaurée en 1980.
Chapelle de Saint-Cassien-des-Bois, XIIème.
Château de la Verrerie, transformé en gîtes communaux.
Ancien moulin à farine de Saint-Cassien des Bois.
Tour carrée de Saint-Cassien des Bois, vestige de l'ancien castrum médiéval.
Office de tourisme.
Ancienne mine de Font Sante, mine de fluorite exploitée de la fin du XIXème à 1987.

Industrie ou activités : commerces et services de proximité. Gîtes. Plusieurs forceries de mimosa, dont le territoire de Tanneron est couvert.

Armoiries : d'or aux trois chevrons de gueules.

Manifestations : fête de Saint-Antoine de Padoue, en juin. Semaine varoise de la randonnée pédestre.

Divers : sentiers de randonnée. Lac de Saint-Cassien. Commune située au cœur du massif du même nom, inondé de mimosa, dont la floraison est située entre janvier et mars. Sentiers de randonnée.

Hameaux : 22 hameaux.

---

1 : Tanneron, début XXème.
2 : Tanneron, début XXème.
3 : Tanneron, début XXème.

TARADEAU

Les Taradéens.
Code postal : 83460.
Canton de Lorgues.
Superficie : 1731 ha.
Altitude : 44 à 259 m.
Population : 1982 : 774 h.1999 : 1619 h.

Autrefois : le territoire est occupé par les Celto-Ligures, dès le premier siècle avant Jésus-Christ, comme l'atteste la découverte d'un oppidum.

A l'époque gallo-romaine, d'importants vestiges témoignent d'une vie intense à cette époque.

La première mention du castrum de Taradeau apparaît à la fin du XIIème. Il était alors blotti autour de son église, actuelle chapelle.

Du XIVème au XVIIème, le bourg est abandonné, après sa destruction par les troupes de Raymond de Turenne.

Au XVIIIème, le nouveau village s'installe dans la plaine, et les habitants utilisent toujours l'église médiévale, devenue simple chapelle à la construction de la nouvelle église au XIXème.

Aujourd'hui : église Notre-Dame de l'Assomption, construite entre 1840 et 1844.

Chapelle Saint-Martin, ancienne église paroissiale (jusque 1840), XIIème et XIVème.

Près de cette chapelle, une tour est datée du XIIème.

Vestiges des oppida du Fort et du Castellas.

Ruines de villas gallo-romaines.

Office de tourisme.

Industrie ou activités : un camping. Gîtes et chambres d'hôtes. Viticulture, miel et fromages locaux.

Armoiries : de gueules à trois tours d'argent, 2 et 1.

Cours d'eau : la Florièye.

Jumelage : avec Röhrmoos en Allemagne.

Divers : une table d'orientation, panorama sur la plaine des Maures et l'Estérel.

---

1 : Taradeau, début XXème.
2 : Taradeau, début XXème.
3 : Taradeau, début XXème.

TAVERNES

Les Tavernais.
Code postal : 83670.
Chef-lieu de canton.
Superficie : 3115 ha.
Altitude : 300 à 691 m.
Population : 1982 : 483 h. 2009 : 1209 h.

Autrefois : au milieu du XIIIème, les Pontevès possèdent la moitié du castrum.
Après être passée entre différentes mains, la seigneurie termine dans celles du duc de Bourbon.
Plusieurs moulins à huile ont existé.
Exploitation de petites mines de bauxite, au début du XXème.

Aujourd'hui : église Saint-Cassien.
Chapelle Notre-Dame de Bellevue, 1642, au sommet de la colline, accessible en voiture par le chemin de Montmeyan et à pied par le chemin de Notre-Dame.
Beffroi, surmonté d'un campanile ouvragé du XVIIIème.
Vestiges des remparts.
Une fontaine.

Industrie ou activités : marché le jeudi matin. Quelques commerces et services. Chambres d'hôtes. Production d'huile d'olive.

Armoiries : d'or à la fasce de gueules chargée d'une étoile d'argent.

Manifestations : fête de la Saint-Cassien en juillet. Journée de l'Oli, début septembre.

Divers : sentiers de randonnée.

Principal hameau : Bury.

---

1 : Tavernes, début XXème.
2 : Tavernes, début XXème.
3 : Tavernes, 1955.

LE THORONET

Les Thoronéens.
Code postal : 83340
Canton de Lorgues.
Superficie : 3753 ha.
Altitude : 75 à 444 m.
Population : 1954 : 562 h. 1982 : 819 h.1999 : 1533 h.

Autrefois : l'abbaye, construite à la fin du XIIème, fut l'une des « *Trois Sœurs Provençales* », avec les abbayes de Sénanque et de Silvacane. Elle fut édifiée sur une terre qui leur avait été donnée par Raymond Bérenger, comte de Provence.
C'est à partir des hameaux constitués par les familles de métayers de l'abbaye que s'est constitué ce qui est aujourd'hui « le village du Thoronet ».
Exploitation de bauxite, tout au long du XXème, qui se termina en 1989.

Aujourd'hui : église de la Nativité de la Vierge, remaniée et agrandie au XIXème.
Ancienne abbaye cistercienne, fondée entre la fin du XIIème et le début du XIIIème. L'église, le cloître et le dortoir des moines sont tous en pierre taillée, réalisés d'après une technique ancestrale.
Anciens bourgs castraux.
Office de tourisme.

Industrie ou activités : viticulture et oléiculture. Plusieurs domaines viticoles. Artisans d'art.

Armoiries : d'azur à la bande d'argent.

Cours d'eau : l'Argens. Canal de Sainte-Croix.

Manifestations : rencontres de musique médiévale du Thoronet, en juillet. Fête du village en juillet. Les nuits blanches du Thoronet, en juillet.

Divers : sentiers de randonnée. Canoë-kayak sur l'Argens. Parcours VTT.

1 : Le Thoronet, début XXème.
2 : Le Thoronet, début XXème.
3 : Le Thoronet, début XXème.

231 — *Toulon.* - Le Comité d'une Fête de Quartier.

Collection A. Couturier.

TOULON — Rue Nationale
Place Saint-Roch

TOULON

Les Toulonnais.
Code postal : 83100 - 83200.
Chef-lieu de canton.
Préfecture maritime depuis 1800.
Superficie : 4284 ha.
Altitude : 0 à 584 m.
Population : 1806 : 28.170 h. 1896 : 95.276 h. 1936 : 150.310 h. 1982 : 179.423 h. 2010 : 164.532 h.

Autrefois : l'itinéraire maritime d'Antonin indique Toulon sous le nom de Telo Martius, comme un des points de relâche des flottes romaines.

Les Romains y avaient établi une teinturerie de pourpre dont la matière première (le murex, un gros escargot de mer) était fournie par des coquillages présents en abondance dans ses eaux.

Tour à tour au pouvoir des Goths et des Burgondes, Toulon, dès 541, est le siège d'un évêché, supprimé à la Révolution.

De 718 à 1197, la bourgade fut souvent pillée par les pirates et les Sarrazins. Elle était alors sous la domination des vicomtes de Marseille. Leur dernière descendante, Sibille, légua les fiefs de Trets et de Toulon à Charles d'Anjou, comte de Provence.

Toulon passe à la France avec la Provence, en 1481, et devient un lieu de construction navale et sa rade est utilisée pour abriter les flottes militaires.

Le rôle militaire du port commence sous Louis XII qui fit construire, en 1514, à l'entrée de la petite rade, la Grosse Tour ou Tour Royale, qui fut la première fortification. Les attaques du connétable de Bourbon (1524) et d'André Doria (1530) trouvèrent la ville dans cet état de défense très rudimentaire.

Plus tard, la flotte du sultan, allié de la France, commandée par l'amiral Barberousse, débarqua 15.000 hommes qui occupèrent la ville de septembre 1543 à août 1544.

Henri IV fit entourer la ville et ses huit faubourgs, d'une enceinte fortifiée qui permit à la ville de s'étendre autour du noyau médiéval. Il créa une darse de 15 hectares de superficie, protégée par des jetées, un arsenal et des chantiers de constructions navales.

---

1 : Toulon, début XXème.
2 : Toulon, début XXème.
3 : Toulon, début XXème.

Toulon devint alors le port d'attache des galères royales, auparavant à Marseille.
La ville prend une grande importance sous Louis XIV. L'arsenal fut considérablement agrandi par Colbert. Vauban prolongea vers l'Ouest le mur d'enceinte et créa de ce côté une seconde darse de 20 hectares. Toulon est alors, avec Brest, le seul port capable d'accueillir des grands vaisseaux de guerre aux XVIIème et XVIIIème.
Durant les guerres de la succession d'Espagne, le duc de Savoie et le prince Eugène, à la tête d'une armée austro-sarde, commencèrent le 29 juillet 1707, à assiéger Toulon par terre, tandis qu'une flotte anglo-hollandaise le bloquait par mer. Mais la ville, mise rapidement en état de défense par le maréchal de Tessé, et secourue à temps par le comte de Grignan, gouverneur de Provence, résista vigoureusement. Le 15 août, une sortie générale de la garnison, vaillamment secondée par la population, obligea les assaillants à lever le siège.
En 1720-21, la peste fit à Toulon, 17.000 victimes sur 26.300 habitants.
Durant la Révolution, en 1793, la ville fut livrée aux Anglais par des royalistes. Mais l'armée républicaine, qui commandait la rade, força les Anglais à se retirer. Bonaparte, alors officier d'artillerie, coopéra à cette action militaire. Les conventionnels Fréron et Fouché exercèrent sur les habitants, de sanglantes représailles.
Au cours de l'Ancien Régime et du XIXème, Toulon était le point de départ et d'arrivée de la plupart des grandes expéditions militaires et coloniales françaises vers l'Afrique. En 1798, Bonaparte s'embarque pour la campagne d'Egypte. En 1819 Dumont d'Urville ramène la Vénus de Milo…
Toulon reprit son essor avec la conquête de l'Algérie, en vue de laquelle le port avait armé plus de 300 navires. Un arsenal avec de vastes cales de construction fut édifié au Mourillon en 1837, et en 1844, on prolongeait l'arsenal principal à l'ouest, sur les terrains de Castigneau, tandis qu'on créait au-devant une troisième darse et un port de 3 hectares pour la marine marchande.

1 : Toulon, début XXème.
2 : Toulon, début XXème.
3 : Toulon, début XXème.

En 1852, Louis-Napoléon, alors président de la République, recula les remparts jusqu'au pied du Faron. Ils englobèrent à l'ouest le fort Malbousquet. Pendant que la marine prolongeait son arsenal de ce côté et creusait une quatrième darse et de nouveaux bassins, une ville neuve s'élevait sur les terrains de l'agrandissement.

Durant le XIXème siècle, Toulon accueille une importante immigration italienne liée au développement industriel et naval, ainsi que de nombreux Corses.

Du Moyen-Âge à la fin du XIXème, quatre enceintes se sont succédées.

La ville est bombardée le 13 juin 1940. En 1942, la flotte française se saborde dans le port pour ne pas tomber aux mains des allemands qui envahissent la zone libre.

Après la Seconde Guerre mondiale, le port est ravagé et de nombreux logements sont détruits.

La ville retrouve sont statut de préfecture en 1974.

Aujourd'hui : cathédrale Sainte-Marie de la Seds, dont le premier édifice fut fondé en 1096, agrandie et aménagée au fil des siècles, notamment au XVIIème. Un édifice primitif, dont il ne reste aucune trace, avait même été édifié au Vème.

Eglise Saint-Louis, dont la construction s'est achevée en 1788, est ornée de quatre colonnes massives sur son parvis.

Eglise Saint-François-de-Paule, construite en 1744, sur l'emplacement de l'ancien château royal. A l'origine, elle servait de chapelle au couvent des Récollets.

Tour de l'horloge ou « tour carrée », érigée dans l'enceinte de l'arsenal entre 1772 et 1775.

La Tour Royale, édifiée au XVIème, appartenait à la Marine nationale. D'un diamètre de 60 mètres, elle a été rachetée par la mairie de Toulon en 2006.

Le fort Lamalgue, achevé en 1792, était une forteresse dissuasive. De nombreux prisonniers y furent enfermés. En 1793, gagné à la cause royaliste, le fort Lamalgue ouvrit ses portes aux soldats anglais, le roi Louis XVII fut solennellement proclamé dans la cour d'honneur et les navires de la flotte anglo-espagnole purent entrer dans la rade de Toulon.

1 : Toulon, début XXème.
2 : Toulon, début XXème.
3 : Toulon, début XXème.

Fort Saint-Louis, construit sur les ordres de Vauban en 1692. Il était autrefois encerclé par les eaux de la mer, avant la construction d'un terre-plein. En 1707, le fort permit d'enrayer l'invasion de Toulon et de la Provence.

Ancienne corderie. Edifiée à partir de 1686, elle perdit son activité de fabrication de cordage (en chanvre) en 1884, à cause de l'arrivée progressive des câbles de fer. Les bâtiments accueillirent un atelier de sculpture, un musée naval... et aujourd'hui le Service Historique de la Marine.

Porte de l'ancien séminaire Jésuite. Déplacée à plusieurs reprises, elle est adossée contre une façade de l'ancienne corderie.

Porte de l'Arsenal, imposante porte construite en 1738, déplacée à l'entrée du musée national de la marine en 1976.

Porte de l'Ancienne Comédie – premier théâtre édifié en 1770.

Porte d'Italie, un des derniers vestiges des fortifications de la ville.

Une sculpture en forme de bateau, installée en 1995, rappelle la passé maritime de la ville.

Sur la place de la Liberté, créée en 1858, la fontaine de la Fédération fut érigée en 1890.

Une partie de l'ancien palais épiscopal et sa porte cloutée.

Anciens hôtels particuliers du XVIIIème.

Opéra de Toulon, le plus grand opéra-théâtre de province.

Théâtre Liberté, aménagé dans l'ancien Grand Hôtel sur la Place de la Liberté.

Zénith-Oméga.

Place Puget et sa fontaine aux Dauphins (1780).

Place de la Liberté et sa fontaine de la Fédération (1889).

La Mairie d'Honneur est installée à l'emplacement de l'ancien hôtel de Ville sur le port. Sa façade est ornée de deux atlantes sculptés par Pierre Puget en 1656.

Musée d'Art, collection de tableaux des écoles provençales hollandaise, italienne et française.

Musée des arts asiatiques, dans la villa Jules Verne.

Galerie des Musées (remparts) - art contemporain

Maison de la Photographie.

1 : Toulon, début XXème.
2 : Toulon, début XXème.
3 : Toulon, début XXème.

Hôtel des Arts – centre d'art contemporain (ancien siège de la sous-préfecture).

Musée de la Marine, collection de maquettes, de bateaux et de galères.

Le Cours Lafayette, tracé à l'emplacement du rempart médiéval, est le siège journalier d'un marché depuis le XVIIIème.

Tour Beaumont, mémorial du débarquement en Provence.

Monument National à la mémoire des sous-mariniers.

Muséum d'Histoire naturelle.

La rade de Toulon est séparée en deux parties par une digue édifiée au XIXème.

Statue en l'honneur de Raimu, acteur provençal du XXème.

Statue d'Heinrich Heine, poète allemand, jardin d'acclimatation. Œuvre commandée par l'impératrice Elisabeth d'Autriche (Sissi), offerte à la Ville de Toulon en 1939.

Statue du Génie de la Navigation, dans le carré du Port.

La Frontale du port – labéllisée au Patrimoine du XXème, œuvre de Jean de Mailly chargé de la reconstruction du Port en 1949.

Mont Faron, colline calcaire du Jurassique - accès par téléphérique.

Le sport toulonnais est avant tout dominé par le club de rugby de la ville : le Rugby club toulonnais, également appelé le « RCT», fondé en 1908. Le RCT a remporté trois titres de Champion de France (en 1931, 1987 et 1992) et également un titre de Champion d'Europe en 2013.

Industrie ou activités : située entre mer et montagnes, Toulon est la capitale économique du Var. Le tourisme, le commerce, les administrations et la recherche sont les atouts de cette ville qui accueille le plus grand port militaire de France, la base navale de Toulon. C'est à Toulon que sont basés le porte-avions Charles de Gaulle et les sous-marins nucléaires d'attaque. En 2008, plus de 23.000 personnes étaient employées par les activités liées à l'armement. Un aéroport et un dynamique port de commerce (embarquement pour la Corse et la Sardaigne) complètent ces atouts. Le nombre de croisière ne cesse d'y augmenter. Hôtels, campings, gîtes et chambres d'hôtes.

---

1 : Toulon, début XXème.
2 : Toulon, début XXème.
3 : Toulon, début XXème.

Une université et plusieurs grandes écoles sont également implantées à Toulon.

Personnages : - Jean Aicard (Toulon 1848 – La Garde 1921). Poète, auteur du roman *Maurin des Maures*. Académicien Français

- Eugène Baboulène (Toulon 1905 – Toulon 1994). Peintre spécialisé dans les marines, les natures mortes et les paysages provençaux.

- Marius Bar (1862 – 1930). Photographe, spécialiste des illustrations de la Marine.

- Gilbert Bécaud (Toulon 1927 – Toulon 2001). Chanteur et interprète de plus de 400 chansons, dont son titre phare *Et maintenant*, en 1961.

- Paulin Bertrand (Toulon 1852 – 1940). Peintre officiel de la Marine.

- Vincent Courdouan (Toulon 1810 – Toulon 1893). Peintre, chef de file de l'école toulonnaise de peinture. Il est l'auteur d'une importante œuvre consacrée à la marine et aux paysages varois.

- Mireille Darc (née en 1938), actrice et réalisatrice.

- Félix Mayol (Toulon 1872 – 1941). Chanteur fantaisiste, il est l'auteur du célèbre *viens poupoule*. Il fut un généreux donateur pour sa ville natale. Il fit construire un stade de rugby qui porte aujourd'hui son nom.

- Jules Muraire, dit Raimu (Toulon 1883 – 1946). Célèbre acteur, il a joué dans *Marius*, *César* et *Fanny*, films tirés des pièces de théâtre éponymes de l'écrivain et cinéaste. Il est enterré au cimetière central et sa statue grandeur nature trône place de l'Opéra.

- François Nardi (Nice 1861 – Toulon 1936). Peintre français d'origine italienne, il arrive à Toulon à l'âge de 10 ans, où il installera son atelier. Auteur de 3500 œuvres, son tableau "Le port de Toulon, le matin, avec le courrier des îles d'Or à l'embarcadère", figure sur le timbre de la Croix-Rouge émis en 1991.

Armoiries : d'azur à la croix d'or.

Cours d'eau : l'Eygoutier. Le Las.

Jumelage : avec La Spezia en Italie, Mannheim en Allemagne, Norfolk aux Etats-Unis, Kronstadt en Russie, Khémisset au Maroc et Oran en Algérie.

Manifestations : nombreuses animations tout au long de l'année, entre autres le feu d'artifice et l'embrasement du fort Saint-Louis, le 15 août, le festival Couleurs du monde, la nuit des pêcheurs, la fête des coquillages et de la mer, la foire au plant, la fête de la châtaigne, la fête du livre...

Divers : nombreuses structures sportives et culturelles (opéra, théâtre…). Nombreux parcs et jardins. Villes fleuries. Un zoo. Plages du Mourillon, sports nautiques... Téléphérique pour le Mont Faron (vue panoramique sur la rade et l'agglomération). Sentiers de randonnée, dont le sentier pédestre des douaniers.

1 : Toulon, début XXème.
2 : Toulon, début XXème.
3 : Toulon, début XXème.

TOURRETTES

Les Tourrettans.
Code postal : 83440.
Canton de Fayence.
Superficie : 3399 ha.
Altitude : 155 à 592 m.
Population : 1821 : 511 h. 1896 : 691 h. 1914 : 557 h. 1982 : 1067 h. 2007 : 2605 h. 2013 : 2789 h.

Autrefois : plusieurs sites néolithiques attestent une présence humaine fort ancienne, notamment le dolmen de la verrerie Vieille.

Les vestiges romains sont également très nombreux (canal romain...).

le nom de Tourrettes apparaît pour la première fois en 1010. A cette époque, les abbayes de Lérins et de Saint-Victor se disputaient le territoire.

Au Moyen-Âge, devant les troubles de cette période, les places fortes se multiplient. le château de Tourrettes fut la première place forte, édifiée au XIVème par Bertrand de Villeneuve, seigneur de Tourrettes.

Au cours des siècles suivants, les habitations se construisent autour du château. L'église est reconstruite en 1546 et le vieux château détruit en 1590.

Aujourd'hui : village pittoresque aux ruelles étroites, aux escaliers en calades et aux passage voûtés.

Eglise Saint-André, origine romane, restaurée.

Chapelle des Pénitens, XIVème.

Château de Tourrettes, XIXème, aujourd'hui la mairie s'y est installée.

Tour de l'horloge, XIVème, vestige du château médiéval.

Industrie ou activités : commerces et services variés, hôtels, chambres d'hôtes, Résidence de vacances, camping, restaurants.

Personnages : - Joseph Marius Alexis Aubin (1802 - 1891), archéologue, paléographe.

- Jacques Alexandre Fabre (né en 1782), lieutenant colonel sous Napoléon 1er.
- Denyse de Bravura (1918-1993), illustratrice et graveuse. Elle vécut à Tourrettes à partir des années 1965.

---

1 : Tourrettes, début XXème.
2 : Tourrettes, début XXème.
3 : Tourrettes, vers 1975.

Armoiries : d'azur aux deux flanchis d'or rangés en fasce surmontés d'un agneau pascal d'argent portant sur une hampe croisetée d'or une bannerette de gueules chargée d'une croisette aussi d'argent.
Cours d'eau : le Chautard.
Manifestations: festival de jazz, son et lumière, salon du livre...
Divers : golf, centre de vol à voile, randonnées, VTT... Un musée à ciel ouvert.

TOURTOUR

Les Tourtourains.
Code postal : 83690.
Canton de Salernes.
Superficie : 2869 ha.
Altitude : 375 à 904 m.
Population : 1982 : 384 h. 2010 : 575 h.
Autrefois : découverte de nombreux vestiges de l'époque néolithique. A l'âge de fer, la présence de cinq oppida et d'établissements romains, est attestée.
Au XVIIème, le territoire était partagé entre plusieurs co-seigneurs.
À la suite du coup d'État du président Louis-Napoléon Bonaparte, le 2 décembre 1851, la répression de l'insurrection varoise le 10 décembre 1851, à Tourtour et Aups, a été terrible.
Aujourd'hui : le village, surnommé le « *village dans le ciel* », a gardé son caractère médiéval, avec son dédale de ruelles, ses placettes fleuries, ses portes, ses deux châteaux... Eglise Saint-Denis, origine romane.
Vestiges des trois enceintes de remparts, encore visibles. La plus ancienne abrite le vieux château médiéval et les premières maisons. La deuxième avec ses portes des XIVème et XVème s'étend jusqu'à la Grand Rue et la Place des Ormeaux. La troisième enceinte du XVIIème englobe le château communal et la chapelle Sainte Trinité.
Château communal, aujourd'hui la mairie.
Château de la Baume, ancienne demeure de Bernard Buffet.
Tour Grimaldi, XIIème.
Un moulin à huile communal.
Un lavoir.

1 : Tourtour, début XXème.
2 : Tourtour, début XXème.
3 : Tourtour, 1955.

Musée des fossiles.
Office de tourisme.
Plusieurs fontaines.
Deux sculptures en bronze de Bernard Buffet.

Industrie ou activités : galeries d'art. Commerces liées à l'activité touristique du village. Hôtels, restaurants, gîtes et chambres d'hôtes. Production d'huile d'olive. Marché provençal le mercredi et le samedi matin.

Personnage : l'artiste Bernard Buffet (Paris 1928 – Tourtour 1999) a vécu à Tourtour les dernières années de sa vie.

Armoiries : d'azur aux deux tours d'argent rangées en fasce, chacune surmontée d'une étoile d'or.

Manifestations : fête de l'œuf au printemps, fête du village en août…

Divers : site classé parmi les « *plus beaux villages de France* ». Une table d'orientation.

TOURVES

Les Tourvains.
Code postal : 83170.
Canton de Brignoles.
Superficie : 6562 ha.
Altitude : 238 à 542 m.
Population : 1982 : 2137 h. 2008 : 4806 h.

Autrefois : occupation du territoire, déjà à l'époque préhistorique.

A l'époque gallo-romaine, Tourves est une des stations de la voie Aurélienne, d'où la présence de plusieurs villas.

Au XIème, trois castra existent à Tourves. Seul celui de Torreves (actuel Tourves) subsistera, s'étendant au-delà du château.

Village pillé au cours des guerres de religion, et les habitants massacrés.

Exploitation de bauxite, au XIXème. Les mines fermeront en 1990.

---

1 : Tourves, début XXème.
2 : Tourves, début XXème.
3 : Tourves, début XXème.

Aujourd'hui : chapelle Saint-Probace, XVIIème.
Chapelle Saint-Maurice, origine romane.
Chapelle Notre-Dame de Salettes, XIXème.
Un oratoire daté de 1660.
Fontaines, notamment du XVIIIème.
Sur le plateau, vestiges du château de Valbelle, transformé au XVIIIème sur les vestiges d'un château médiéval par le comte Omar de Valbelle.
Grotte Chuchy, néolithique.
Vestiges archéologiques de Muscapeau.
Musée de la bauxite.
Maison natale de J.J. Léon d'Astros (1780 – 1863), poète provençal.
Industrie ou activités : tous commerces et services. Marché le mardi matin. Gîtes et chambres d'hôtes.
Armoiries : d'argent au rouget de gueules.
Cours d'eau : le Caramy.
Manifestation : fête de la Saint-Eloi (fête des chevaux) en août.
Divers : gorges du Caramy. Sentiers de randonnée. Lac de Tourves.

1 : Tourves, début XXème.
2 : Tourves, début XXème.
3 : Tourves, début XXème.

TRANS-EN-PROVENCE

Les Transians.
Code postal : 83720.
Canton de Draguignan.
Superficie : 1699 ha.
Altitude : 100 à 272 m.
Population : 1800 : 1316 h. 1896 : 1203 h. 1936 : 1064 h. 1982 : 3156 h. 2013 : 5400 h.

Autrefois : les plantations d'oliviers et un important commerce d'olives ont fait la richesse du bourg. Il y a cent ans, 21 moulins à huile étaient en activités.

Aujourd'hui : église Saint-Victor, reconstruite en 1490 et entre 1536 et 1545, améliorée par la suite.
Chapelle Notre-Dame, XVème.
Chapelle Saint-Vincent.
Chapelle Saint-Victor.
Chapelle Saint-Roch.
L'hôtel de ville a été construit au XVIIIème, sur les ruines d'un ancien château appartenant à la famille seigneuriale de Villeneuve.
Un curieux puits aérien, édifié en 1931. Il est le premier puits construit dans la monde dans le but de récupérer par condensation l'humidité atmosphérique.
Une fontaine sur la place de l'église, XVIIIème, et une autre sur la place de l'hôtel de ville, XIXème.

Industrie ou activités : tous commerces et services. Production d'huile d'live et de vin AOC « Côtes des Provence ». Gîtes et chambres d'hôtes.

Armoiries : de gueules fretté de six lances d'or, entresemé d'écussons du même, sur le tout d'azur à la fleur de lys aussi d'or.

Cours d'eau : le Nartuby.

Jumelage : avec Gamlitz en Autriche

Divers : ville fleurie, une fleur. Chutes et cascades du Narturby, en plein cœur du bourg.

---

1 : Trans, début XXème.
2 : Trans, début XXème.
3 : Trans, début XXème.

TRIGANCE

Les Trigançois.
Code postal : 83840.
Canton de Comps-sur-Artuby.
Superficie : 6060 ha.
Altitude : 630 à 1270 m.
Population : 1836 : 672 h. 1872 : 504 h. 1926 : 223 h. 1967 : 96 h. 1982 :122 h.1999 : 150 h.

Autrefois : la première mention du village date du début du XIème. En 1056, l'abbaye de Saint-Victor acquiert la chapelle Notre-Dame de Saint-Julien (commune actuelle de Trigance).
Au début du XIVème, le territoire de Trigance est partagé entre plusieurs seigneurs.
En 1851, le village comptait 10 tisserands, 10 cordonniers, 3 maçons, 2 tuiliers…

Aujourd'hui : village médiéval.
Eglise Saint-Michel, origine ancienne, remaniée et agrandie.
Chapelle Notre-Dame de Saint-Julien, origine ancienne.
Chapelle Saint-Roch, érigée au XVIIème au moment de l'épidémie de peste.
Château de Trigance, XIème, imposant bâtiment accroché à un piton rocheux. Il fut la propriété des comtes de Provence au XVème. Il abrite aujourd'hui une hostellerie de luxe. Détruit à la Révolution, il a longtemps servi de carrière de pierres, puis restauré à partir des années 1960.
Ferme de la Sagne, musée agricole et expositions d'artisans d'art.
Moulin de Soleils, construit en 1861, dernier moulin à eau et à farine de Provence, encore en activités.
Un pigeonnier.

Industrie ou activités : élevage de chèvres. Miel. Quelques commerces. Gîtes.

Armoiries : d'or à trois fasces de sable, au chef de gueules chargé d'une main dextre apaumée d'argent.

Cours d'eau : l'Artuby.

Manifestation : festival d'été de Trigance, théâtre.

Divers : commune du Parc Naturel Régional du Verdon. Point de départ de randonnées. Un sentier botanique.

1 : Trigance, début XXème.
2 : Trigance, début XXème.
3 : Trigance, 2013.

LE VAL

Les Valois.
Code postal : 83143.
Canton de Brignoles.
Superficie : 3934 ha.
Altitude : 140 à 540 m.
Population : 1800 : 1760 h. 1896 : 1176 h. 1931 : 967 h. 1982 : 1699 h. 2013 : 4250 h.

Autrefois : les premiers habitants, il y a 4500 ans, s'étaient installés au pied des falaises des Essartènes.
Un oppidum existait sur la colline de Paracol.
Au XIème, la construction de l'église attire les habitants tout autour.

Aujourd'hui : église Notre-Dame de l'Assomption, XIème, agrandie et remaniée au fil des siècles. Orgue de 1861.
Chapelle des Congrégations, 1866.
Chapelle Saint-Blaise, ermitage construit au XIème, restaurée au XVIIème.
Chapelle Notre-Dame de Paracol, située sur la colline du même nom.
Chapelle Notre-Dame-de-Pitié, XVIIème, accessible par un chemin jalonné d'oratoires.
Tour de l'horloge, surmontée d'un campanile.
Hôtel de ville, XIXème.
Abris des Eissartènes, abris rupestres.
Portail de la Dîme, ancienne porte des remparts du Moyen-Âge.
Derrière le moulin, jardin des Gorguettes et un aqueduc datant du XIVème.
Musée de la figurine et des jouets anciens.
Musée d'art sacré, installé dans une ancienne chapelle (Pénitents Noirs).
Un lavoir, XVIème, aménagé dans d'anciennes halles.
Plusieurs fontaines.
Jardin-théâtre du Paradou.

Industrie ou activités : tous commerces et services. Gîtes et chambres d'hôtes, un hôtel.

Personnages : - Louis XIII qui a permis l'organisation de la foire à la saucisse en 1628.
- Le Couedic (peintre, sculpteur), qui a restauré le choeur de l'église, peint la façade de la coopérative et créé le bas-relief sur le mur du jardin-théâtre dans les années 90.

---

1 : Le Val, début XXème.
2 : La Val, début XXème.
3 : Le val, début XXème.

Armoiries : d'azur aux deux montagnes cousues de sable mouvant des flancs, formant un val planté d'un cep du même feuillé et fruité d'or accolé à un échalas d'argent surmonté d'un croissant aussi d'argent.
Cours d'eau : la Ribeirotte.
Manifestation : foire à la saucisse, en septembre, qui se déroule depuis plus de 350 ans.
Divers : sentiers de randonnée. Spéléologie.

LA VALETTE-DU-VAR

Les Valettois.
Code postal : 83160.
Chef-lieu de canton.
Superficie : 1550 ha.
Altitude : 37 à 701 m.
Population : 1800 : 2152 h. 1896 : 2470 h. 1926 : 3108 h. 1982 : 18.296 h. 2010 : 20.754 h.
Autrefois : des grottes sont déjà occupées dès l'âge de bronze, puis des oppida sont occupés par une tribu ligure.
Bourg fondé par une colonie romaine dans le Vallis Laeta, la Vallée Heureuse. Un des quartiers de la ville, Tourris, conserve les traces d'une présence.
Jusqu'au XVIIème, Valatte est rattaché à Toulon.
Au Moyen-Âge, le village est fortifié. Un castrum s'élève autour de l'église Saint-Jean.
Plusieurs moulins à huile existaient sur le territoire.
Aujourd'hui : église Saint-Jean, édifiée au XIème, agrandie et modifiée aux XVIème et XVIIème, clocher XVIIème, portail monumental classé.
Vestiges du castrum.
Conservatoire de l'olivier, plus de cinquante variétés d'oliviers.
Un moulin à huile, encore en activité.
Plusieurs fontaines.

---

1 : La Valette, début XXème.
2 : La Valette, début XXème.
3 : La Valette, début XXème.

Industrie ou activités : Valgora est le plus important parc tertiaire du département : il compte une bonne centaine d'entreprises exerçant dans des secteurs économiques de pointe. La Valette accueille également un vaste centre commercial. Production d'huile d'olive. Marché le lundi matin.

Armoiries : d'azur en pomme au cœur d'or.

Cours d'eau : vallon de la Sorbière.

Jumelage : avec Villingen-Schwenningen en Allemagne, Bocsa en Roumanie, Novotcherkassk en Russie, Somma-Lombardo en Italie, Liévin en France (Pas-de-Calais), et Kroscienko en Pologne.

Manifestations : les balades gourmandes en janvier, carnaval en mars, le printemps provençal en mars, la semaine des jardins en avril, le festival du jeu en mai, les nuits du Coudon en juillet, le festival de la magie en octobre…

Divers : sentiers de randonnée, dont le circuit botanique du Thouar, le sentier au fil de l'eau, les jardins de Baudouvin. Massif du Coudon, massif forestier culminant à 700 mètres d'altitude, panorama sur la rade de Toulon. Nombreux équipements sportifs et culturels.

1 : La Valette, début XXème.
2 : La Valette, début XXème.
3 : La Valette, début XXème.

VARAGES

Les Varageois.
Code postal : 83670.
Canton de Barjols.
Superficie : 3511 ha.
Altitude : 259 à 573 m.
Population : 1800 : 1400 h. 1896 : 1051 h. 1936 : 721 h. 1982 : 766 h. 2010 : 1117 h.

Autrefois : occupation du site dès la Préhistoire.

Le bourg castral de Varages est cité pour la première fois en 992, sous le nom de Varaginis.

La seigneurie a appartenu aux Vintimille, Cornut, Prohane, Oraison, Jarente, Castellane et Forbin.

Juché sur une falaise de tuf, sur d'importants gisements d'argile, Varages était un village de potiers, puis est devenu un village de faïence, pour connaître son apogée au XVIIIème. De célèbres potiers et faïenciers s'y installent, notamment les Clerissy ou encore Claude Gebelin. En 1789, le village comptait huit fabriques. Au fil des décennies, la faïencerie de Varages s'est adaptée à la concurrence et à la mécanisation de l'industrie.

Aujourd'hui : église Notre-Dame de Nazareth, XVIIème.

Quelques maisons anciennes et passage voûtés.

Point info tourisme.

Maison de Gassendi, ancien général de Napoléon Bonaparte, et son jardin.

Musée des faïences, présentation des techniques de fabrication et collection de plus de 700 pièces.

Treize fontaines.

Industrie ou activités : commerces et artisans. Varages compte encore une manufacture de faïence qui propose une large gamme de produits (luminaires, objets de décoration...), une école, quelques artisans faïenciers et plusieurs boutiques. Une coopérative oléicole. Gîtes et chambres d'hôtes.

Cours d'eau : source de la Foux.

Manifestation : fête de la céramique, le deuxième dimanche d'août.

Divers . sentiers de randonnée.

1 : Varages, début XXème.
2 : Varages, début XXème.
3 : Varages, début XXème.

LA VERDIÈRE

Les Verdiérois.
Code postal : 83560.
Canton de Rians.
Superficie : 6816 ha.
Altitude : 327 à 692 m.
Population : 1800 : 1775 h. 1896 : 920 h. 1936 : 497 h. 1982 : 524 h. 2010 : 1543 h.

Autrefois : la construction du château date de 980, sous l'impulsion des comtes de Castellane, une des plus illustres et anciennes familles de Provence. A cette époque, il s'agissait d'une forteresse. Après avoir appartenu aux comtes de Vintimille de 1262 à 1437, l'édifice revient de nouveau à la maison des Castellane puis entre, en 1613, dans la famille des comtes de Forbin d'Oppède. Ce sont ces trois grandes familles qui offrirent au château de la Verdière une architecture si particulière.

Aujourd'hui : église Notre-Dame de l'Assomption, probablement édifiée au XIIIème, accolée au château et modifiée au fil des siècles.
Juchés au sommet du village, dominent l'imposant château de La Verdière et son parc. De forteresse initiale, il fut transformé au fil de ses propriétaires, en demeure de plaisance.
Un aqueduc.
Maisons anciennes, du XVIème au XVIIIème.
Plusieurs fontaines et lavoirs.

Industrie ou activités : un camping, gîtes et chambres d'hôtes. Commerces et services de proximité.

Personnage : Antoine Honoré de Castellane-Bézaudun (La Verdière 1559 - 1594), chef ligueur pendant les guerres de religion.

Armoiries : de gueules au château donjonné de

Manifestations : fête votive de la Saint-Roch. Fête du chien.

Divers : sentiers de randonnée, dont le GR 99 qui mène aux gorges du Verdon.

1 : La Verdière, début XXème.
2 : La Verdière, début XXème.
3 : La Verdière, début XXème.

VÉRIGNON

Les Vérignonais.
Code postal : 83630.
Canton d'Aups.
Superficie : 3690 ha.
Altitude : 696 à 1142 m.
Population : 1800 : 75 h. 1896 : 77 h. 1931 : 57 h. 1982 : 14 h. 2010 : 11 h. Village le moins peuplé du Var.
Autrefois : voie romaine de Fréjus à Riez.
Le « castrum de Verignun » est mentionné pour la première fois en 1098.
Un « castrum Verignoni » est mentionné en 1232.
Une forteresse fut remplacée par l'actuel château.
Aujourd'hui : église Notre-Dame de l'Assomption, ancienne chapelle castrale.
Chapelle Notre-Dame de Liesse, perchée, origine romane.
Ruines de la chapelle Saint-Priest, perchée également, origine romane.
Château de Vérignon, reconstruit au début du XVIIIème.
Ruines du château médiéval, abandonné au XVIIIème.
Activités : un gîte.
Divers : village perché au milieu d'une forêt de chênes, dont une grande partie appartient au camp militaire de Canjuers.

VIDAUBAN

Les Vidaubannais.
Code postal : 83550.
Canton du Luc en Provence.
Superficie : 7393 ha.
Altitude : 60 m. (mairie).
Population : 1776 : 1205 h. 1821 : 1476 h. 1896 : 2629 h. 1931 : 3196 h. 1982 : 3805 h. 2013 : 10.312 h.
Autrefois : occupation du site dès l'époque préhistorique, comme l'atteste la découverte de pierres taillées et la présence du dolmen du Jas de Parète.
A l'âge de fer, des oppida sont érigés sur les hauteurs.
Des vestiges (médailles, céramiques...) témoignent également d'une présence gallo-romaine et du passage de la Voie Aurélienne.

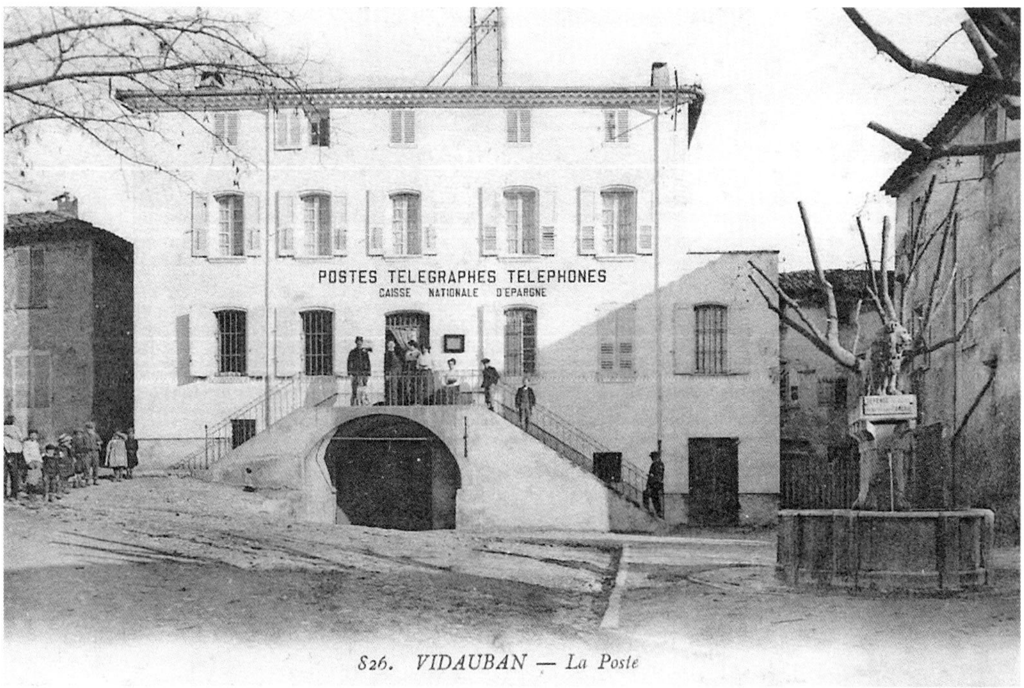

---

1 : Vérignon, 2013.
2 : Vidauban, début XXème.
3 : Vidauban, début XXème.

A la fin du premier millénaire, la présence de Sarrasins amène les habitants à se réfugier sur les hauteurs.

La première mention de Vidauban date de 1014, sous le nom de *castrum nomine Vite Albano*. Il s'agit alors d'une propriété des vicomtes de Marseille.

En 1220, Bertrand et Jourdan de Vidauban donnent des biens à l'Ordre des Templiers, lesquels formeront plus tard la Commanderie d'Astros.

En 1390, le fief de Vidauban revient à Raimond de Villeneuve, fils de Giraud, Baron des Arcs. Il demeurera dans cette famille pendant plus de 300 ans.

En 1511, un acte d'habitation est conclu entre Louis de Villeneuve, marquis de Trans, et 17 « manants », en vue de repeupler le village.

Le village est pillé et brûlé en 1707, par l'armée de Savoie. Seule l'église est épargnée. Le village se reconstruit peu à peu.

Magnanerie, scieries, tuileries. Industrie du liège et des bouchons.

Aujourd'hui : église Saint-Jean-Baptiste, reconstruite en 1544, modifiée au XIXème. L'ancienne église a complètement disparu lors de la destruction de l'ancien village en 1500.

Chapelle Sainte-Brigitte, bâtie en pierre des Maures au XVème ou au XVIème, restaurée en 1998, située au sommet de la colline du même nom.

Chapelle Saint-Pons, XIXème.

Le vieux château d'Astros était une ancienne commanderie de templiers construit en 1637, en grande partie reconstruit au XIXème. C'est aujourd'hui un domaine viticole.

Plusieurs fours à poix, notamment celui de Bois du Rouquan. Ils étaient utilisés avant les années 1850 pour produire de la poix « navale », substance résineuse et collante.

Un four monumental est le seul vestige de l'hôpital Saint-Jacques, construit par les Hospitaliers de Saint-Jean de Jérusalem.

Maisons et fermes, XVIIIème et XIXème.

Plusieurs fontaines, XIXème.

---

1 : Vidauban, début XXème.
2 : Vidauban, début XXème.
3 : Vidauban, début XXème.

Industrie ou activités : la viticulture (AOC Côtes de Provence) est l'activité principale de la commune, avec plusieurs domaines et une cave coopérative.
Personnage : Henri Michel (Vidauban 1907 – Paris 1986). Historien spécialiste de la Seconde Guerre mondiale.
Armoiries : de gueules à deux lances d'or passées en sautoir, accompagnées de quatre fleurs de lis du même.
Cours d'eau : l'Argens. L'Aille.
Jumelage : avec Dei Fontes en Espagne.
Divers : Yves Robert avait choisi Vidauban pour tourner, en 1990, *Le Château de ma mère*, d'après l'œuvre de Marcel Pagnol. Sentiers de randonnée. Canoë-kayak sur l'Argens. Cascade de l'Aille.
Principaux hameaux : Les Blaïs. Chaume. Ramatuelle.

VILLECROZE

Ou Villecroze-les-Grottes
Les Villecroziens.
Code postal : 83690.
Canton de Salernes.
Superficie : 2068 ha.
Altitude : 229 à 520 m.
Population : 1800 : 1122 h. 1896 : 816 h. 1936 : 667 h. 1982 : 867 h. 2013 : 1224 h.
Autrefois : occupation du territoire à l'époque préhistorique.
Présence de plusieurs exploitations rurales romaines, entre le Ier et le Vème siècles après Jésus-Christ.
Le nom originel du village est *castrum de Villacrosia*.
Au Moyen-Âge, l'ordre des Templiers y possède une commanderie et une exploitation agricole au lieu-dit du Ruou.
Ce domaine passe ensuite aux mains de l'ordre des Hospitaliers de Saint-Jean-de-Jérusalem. Cette commanderie fut une des plus importantes de Provence.

1 : Villecroze, début XXème.
2 : Villecroze, début XXème.
3 : Villecroze, début XXème.

Un prieuré fut fondé au XIème par les moines de l'abbaye Saint-Victor de Marseille.

La coopérative vinicole a fermé ses portes en 1981.

Aujourd'hui : église, origine romane.

Chapelle Saint-Victor, romane, ancienne église paroissiale.

Campanile, ancien donjon.

Ancienne commanderie de Templiers à Ruou, fondée au XIIème, transformée en usine de céramique au XIXème. La chapelle est l'élément le plus imposant du domaine.

Les fontaines, ruelles étroites et arcades donnent un caractère pittoresque au village.

Parc municipal, avec ses grottes et sa cascade. Le parc, arboré, s'étend sur 2,5 hectares au pied des falaises de tuf dans lesquelles ont été aménagées les grottes troglodytiques.

Office de tourisme.

Industrie ou activités : commerces, artisans et services de proximité. Marché provençal le jeudi matin. Hôtels, campings, gîtes et chambres d'hôtes. Produits du terroir, miel, fromage de chèvre, vins de Provence... Une coopérative vinicole.

Armoiries : de gueules à deux villes d'argent, passées en sautoir.

Manifestations : bourse aux plantes, le dernier dimanche d'avril. Brocante le 1er dimanche de mai et le 3ème dimanche d'août. Fête patronale de la Saint-Romain en août. Concerts donnés par l'Académie Internationale de musique.

Divers : village labellisé « village de caractère ». Sentiers de randonnée balisés. Equitation. Tennis.

---

1 : Villecroze, début XXème.
2 : Villecroze, début XXème.
3 : Villecroze, début XXème.

VINON-SUR-VERDON

Les Vinonnais.
Code postal : 83560.
Canton de Rians.
Superficie : 3600 ha.
Altitude : 254 à 450 m.
Population : 1800 : 959 h. 1896 : 1072 h. 1931 : 792 h. 1982 : 2196 h. 2010 : 4198 h.

Autrefois : occupation du site dès l'époque préhistorique, puis les Romains s'y installent. Une remarquable mosaïque a d'ailleurs été découverte.
Le bourg est mentionné dans un acte de 1074.
Du XIIème au XVème, l'abbaye Saint-André de Villeneuve-lès-Avignon y possédait l'église, dont elle perçevait les revenus.
En 1591, au cours des guerres de religion, Vinon est le théâtre d'une importante bataille au cours de laquelle La Valette, général du roi de France, vainquit le duc de Savoie qui voulait s'emparer de la Provence.
Vinon était autrefois une étape importante de la transhumance.
La commune s'appelle officiellement Vinon-sur-Verdon depuis 1947.

Aujourd'hui : le vieux village possède encore ses vieilles ruelles, ses passages voûtés, de vieilles maisons des XVIIème et XVIIIème...
Eglise Saint-Sauveur, origine XVème, restaurée en 1854 et en 2003.
Tour de l'horloge, XVIIème, surmontée d'un campanile XVIIIème.
Un ancien moulin transformé en gîte.
Ruines du château détruit en 1591.
Office de tourisme.

Industrie ou activités : campings, hôtels, gîtes et chambres d'hôtes. Commerces et services variés. Marché provençal le dimanche matin.

Cours d'eau : confluent du Verdon et de la Durance.

Jumelage : avec Carriata d'Orba en Italie.

Manifestations : les Vinestivales en juin, fête Nationale belge le 21 juillet, championnats du monde de vol à voile, foire aux santons en novembre...

Divers : sentiers de randonnée, sports en eau vive, équitation, escalade, parcours VTT... Un aérodrome. Commune située aux portes du Parc Naturel Régional du Verdon.

---

1 : Vinon, début XXème.
2 : Vinon, début XXème.
3 : Vinon, début XXème.
4 : Vinon, 1935.

VINS (Var) — La Fontaine

VINS (Var) — Vue générale

VINS (Var) — Place du Verger

VINS-SUR-CARAMY

Les Vinsois.
Code postal : 83170.
Canton de Brignoles.
Superficie : 1670 ha.
Altitude : 170 à 396 m.
Population : 1800 : 518 h. 1896 : 405 h. 1931 : 317 h. 1982 : 298 h. 2013 : 960 h.

Autrefois : le castrum de Vicinis ou de Vizins est mentionné dès 1060. Déserté avant 1471, le lieu fut de nouveau habité dans la première moitié du XVIème, dans la vallée (village actuel).
Le château a appartenu à la célèbre famille provençale De Garde.
Exploitation de la bauxite.
Pendant la Seconde Guerre mondiale, Vins fut un haut lieu de résistance.

Aujourd'hui : église Saint-Vincent, restaurée au XVIème.
Chapelle Saint-Christophe, style roman, logis d'une commanderie templière.
Château de Vins, construit en 1543, qui domine la vallée du Caramy. Il revêt un caractère particulier, témoin d'une époque de transition entre la forteresse médiévale et le raffinement de l'époque de la Renaissance.
Vestiges de la forteresse Sainte-Suzanne.
Un pont dit romain, mais construit au Moyen-Âge et doté de trois arches, enjambe le Caramy.

Industrie ou activités : chambres d'hôtes.

Armoiries : d'or à une grappe de raison d'azur.

Cours d'eau : le Caramy.

Manifestations : pèlerinage annuel à la chapelle Saint-Vincent, en mai. Concerts dans le cadre du château de Vins.

Divers : sentiers de randonnée et chemin des résistants. Lacs issus des anciennes exploitations de bauxite.

1 : Vins-sur-Caramy, début XXème.
2 : Vins-sur-Caramy, début XXème.
3 : Vins-sur-Caramy, début XXème.

DANS LA MÊME COLLECTION...

- L'Ain, les 419 communes
- L'Aisne, les 816 communes
- L'Allier, les 320 communes
- L'Ardèche, les 339 communes
- Les Ardennes, les 463 communes
- L'Aube, les 433 communes
- L'Aveyron, les 304 communes
- Le Calvados, les 705 communes
- Le Cantal, les 260 communes
- La Charente, les 404 communes
- La Charente-Maritime, les 472 communes
- Le Cher, les 290 communes
- La Corrèze, les 286 communes
- La Corse, les 360 communes (2012)
- La Côte d'Or, les 707 communes
- Les Côtes-d'Armor, les 372 communes
- La Creuse, les 260 communes
- La Dordogne, les 557 communes
- Le Doubs, les 594 communes
- La Drôme, les 369 communes
- L'Eure, les 675 communes
- L'Eure-et-Loir, les 403 communes
- Le Finistère, les 283 communes
- Le Gard, les 353 communes
- Le Gers, les 463 communes
- L'Hérault, les 343 communes
- L'Ille-et-Vilaine, les 352 communes
- L'Indre, les 247 communes
- L'Indre-et-Loire, les 277 communes
- L'Isère, les 533 communes
- Le Jura, les 545 communes
- Les Landes, les 331 communes
- Le Loir-et-Cher, les 291 communes
- La Loire, les 327 communes
- La Haute-Loire, les 260 communes
- La Loire-Atlantique, les 221 communes
- Le Loiret, les 334 communes
- Le Lot, les 340 communes
- Le Lot-et-Garonne, les 319 communes
- La Lozère, les 185 communes
- Le Maine-et-Loire, les 363 communes
- La Manche, les 602 communes
- La Marne, les 619 communes
- La Haute-Marne, les 433 communes
- La Mayenne, les 261 communes
- La Meurthe-et-Moselle, les 594 communes
- La Meuse, les 500 communes
- Le Morbihan, les 261 communes
- La Moselle, les 730 communes
- La Nièvre, les 312 communes
- Le Nord, les 653 communes
- L'Oise, les 693 communes
- L'Orne, les 506 communes
- Le Pas-de-Calais, les 895 communes
- Le Puy-de-Dôme, les 470 communes
- Le Rhône, les 293 communes
- La Haute-Saône, les 545 communes
- La Saône-et-Loire, les 573 communes
- La Sarthe, les 375 communes
- La Savoie, les 305 communes
- La Haute-Savoie, les 294 communes
- La Seine-Maritime, les 745 communes
- La Seine-et-Marne, les 514 communes
- Les Yvelines, les 262 communes
- Les Deux-Sèvres, les 305 communes
- La Somme, les 783 communes
- Le Tarn, les 323 communes
- Le Tarn-et-Garonne, les 195 communes
- Le Var, les 153 communes
- Le Vaucluse, les 151 communes
- La Vendée, les 282 communes
- La Vienne, les 281 communes
- La Haute-Vienne, les 201 communes
- Les Vosges, les 515 communes
- L'Yonne, les 454 communes
- L'Essonne, les 196 communes
- Les Hauts-de-Seine, les 36 communes
- Le Val-d'Oise, les 185 communes

CHEZ LES MÊMES AUTEURS...

- Airaines d'autrefois, 1900-1945.
- Eugène Lefebvre, 1er pilote victime de l'aviation.
- La Guerre 39-45 dans le ciel de l'Oise (nouvelle édition).
- La Marne à l'âge d'or des cartes postales.
- Le Pays Vitryat, ses cantons, ses communes en 1900.
- Amiens, ses rues, ses faubourgs
- Promenade dans le temps, Amiens, tome 1, les rues de A à D.
- La région de Creil
- Compiègne, ses rues, ses cantons
- Promenade dans le temps, Compiègne.
- Beauvais, ses rues, ses faubourgs
- L'Oise à l'âge d'or de la carte postale
- La Somme à l'âge d'or de la carte postale
- Paris et Versailles en 1789.
- Le Nord à l'âge d'or de la carte postale.
- Le Pas-de-Calais à l'âge d'or de la carte postale.
- Les voies ferrées, Paris - Bordeaux.
- Les voies ferrées, Paris - Béziers - Nîmes.
- Les chemins de fer de l'Oise, au début du XX°.
- Les chemins de fer de l'Aisne, au début du XX°.
- Les chemins de fer de la Somme, au début du XX°.
- Les chemins de fer de la Seine-et-Marne, au début du XX°.
- Les chemins de fer du Pas-de-Calais, au début du XX°.
- Les chemins de fer du Nord, au début du XX°.
- Les chemins de fer de la Marne, au début du XX°.
- Les chemins de fer de la Seine-Maritime, au début du XX°.
- Gares et trains du Pays Basque.
- Chemin de fer Hermes-Beaumont 1879-1959.
- Neufchâtel-en-Bray, ville martyrisée (tome 1).
- Neufchâtel-en-Bray, ville occupée (tome 2).
- Les grandes manœuvres de Picardie.
- « Les grandes vacances » d'un gosse de 20 ans en Algérie.
- Voyages pittoresques... Taylor, Beauvais et environs.
- Paroles glanées dans nos campagnes (Edition Picardie).
- Paroles glanées dans nos campagnes (Edition France).
- « Les enfants aussi ! » d'Arlette et Charles Testyler
- Le canton de Chaumont-en-Vexin.
- Le canton de Clermont.
- Le canton de Grandvilliers.
- Le canton de Liancourt.
- Le canton de Mouy.
- Le canton de Neuilly en Thelle.
- Le canton de Noailles.
- Le canton de Pont-Sainte-Maxence.
- Le canton de Saint-Just-en-Chaussée.
- Le canton d'Estrées-Saint-Denis.
- Les 2000 personnages de Picardie.
- Promenade dans le temps, Grandvilliers.
- Promenade dans le temps, Montauban.
- Promenade dans le temps, les cantons de Formerie et de Songeons.
- Promenade dans le temps, Beauvais.
- Promenade dans le temps, le canton de Breteuil.
- Promenade dans le temps, le canton de Senlis.
- Promenade dans le temps, le canton de Crèvecoeur-le-Grand.
- Promenade dans le temps, le canton de Crépy-en-Valois.
- Promenade dans le temps, le canton de Nivillers.
- Ille et Vilaine, coups de cœur d'un peintre.
- Amiens, coups de coeur d'un photographe.
- Billon, l'horloger fou - Senlis le 13 décembre 1789.

Cet ouvrage a été imprimé sur les presses de

PRINTCORP

Dépôt légal : octobre 2013

I.S.B.N. : 978-2-36464-041-2

E.A.N. : 9782364640412